Cântico dos Cânticos

Um convite para viver em união e comunhão profunda com Deus

Cântico dos Cânticos

Um convite para viver em união e
comunhão profunda com Deus

Hudson TAYLOR

© 2002 Editora dos Clássicos
Publicado no Brasil com a devida autorização
e todos os direitos reservados por Publicações Pão Diário
em coedição com Editora dos Clássicos.

Tradução: Nora Mello Rodrigues
Revisão: Dalila de Assis, Edna Guimarães, João Guimarães
Diagramação: Denise Duck
Capa: Audrey Novac Ribeiro
Produção e coordenação editorial: Gerson Lima e Francisco Nunes

Dados Internacionais de Catalogação na Publicação (CIP)
Proibida a reprodução total ou parcial, sem prévia autorização, por escrito, da editora.

TAYLOR, Hudson 1832–1905.
Cântico dos cânticos — Um convite para viver em união e comunhão profunda com Deus, Hudson Taylor.
Tradução: Nora Mello Rodrigues
Curitiba/PR, Publicações Pão Diário e São Paulo/SP, Editora dos Clássicos.

Título original: *Union & Communion or Thoughts on the Song of Solomon*

1.Devoção   2.Vida cristã   3.Cristo e a Igreja

Todos os direitos reservados e protegidos pela Lei 9.610, de 19/02/1998.
Permissão para reprodução: permissao@paodiario.com

Exceto quando indicado o contrário, os trechos bíblicos mencionados são da edição
Revista e Atualizada de João F. de Almeida © 2009 Sociedade Bíblica do Brasil.

Publicações Pão Diário
Caixa Postal 4190,
82501-970 Curitiba/PR, Brasil
publicacoes@paodiario.org
www.publicacoespaodiario.com.br
Telefone: (41) 3257-4028

Editora dos Clássicos
www.editoradosclassicos.com.br
contato@editoradosclassicos.com.br
Telefones: (19) 3217-7089
(19) 3389-1368

Código: GQ937
ISBN: 978-1-68043-690-7

1.ª edição: 2019

Impresso no Brasil

Índice

Palavra dos editores 7
Prefácio 11
Introdução 13
Apresentação 19

Seção I
   A vida sem satisfação e a solução para isso 21
Seção II
   Comunhão interrompida — Restauração 41
Seção III
   A alegria da comunhão ininterrupta 53
Seção IV
   Comunhão novamente interrompida — Restauração ... 65
Seção V
   Frutos da reconhecida união 79
Seção VI
   Comunhão irrestrita 93

Apêndice 107
Sobre o autor 109

Palavra dos editores

Como afirma Stanley A. Ellisen, "poucos livros da Bíblia têm sido tão incompreendidos como Cântico dos cânticos. Alguns o veem como erotismo crasso, e outros, como alegoria inútil. As falas parecem fundir-se, e o movimento do enredo é difícil de compreender. Nem sempre é fácil distinguir as muitas metáforas das descrições literais"[1]. O que teria levado, então, um irmão como Hudson Taylor, cuja vida está intrinsecamente relacionada à pregação do evangelho, a escrever sobre esse misterioso livro da Bíblia? Não há dúvida de que foi o amor ao Senhor.

Diz-se que evangelismo deve ser realizado por amor às almas. Essa é uma verdade incompleta. Tudo na vida cristã deve ser decorrência de um *relacionamento com o Senhor*, cuja base, força propulsora e esfera é o amor. Amamos, pois Ele nos amou primeiro, e somos constrangidos por Seu amor — só nos resta amá-lo e viver inteiramente para Ele. Nossa vida com o Amado de nossa alma é um romance celestial. Por amá-lo, homens como Hudson Taylor deram a vida a servi-lhe. Seu amor pelo Senhor, por quem deu a vida a favor da China, é claramente perceptível neste livro.

---

[1] ELLISEN, Stanley A., *Conheça Melhor o Antigo Testamento*, Editora Vida, São Paulo, SP, 1999.

Houve época na história da Igreja em que muitos escreveram sobre o Cântico dos cânticos. Calcula-se que, até o fim da Idade Média, havia cerca de 800 comentários sobre o mais poético livro de Salomão. Mas, a partir do Iluminismo, praticamente não se falou mais com relação ao "incômodo" livro romântico das Escrituras e, hoje, pouquíssimos são aqueles que se aventuram a tratar dele. Por que isso ocorreu? A razão é que, desde os tempos bíblicos, o centro do homem é seu coração, e é com ele e a partir dele que se relaciona com Deus. No entanto, o fim da Idade das Trevas "transferiu" esse centro para a mente. O que importava não era mais o que o coração sentia, mas o que a mente era capaz de compreender, mensurar, comprovar e, por fim, aceitar. Com isso, foi banido o lugar do amor no relacionamento pessoal com Deus. Tudo se tornou frio, litúrgico, previsível e morto. Nada mais natural que Cântico dos cânticos fosse deixado de lado, visto como pouco mais do que o registro da aprovação divina para a vida íntima de um casal.

Mas, graças ao Senhor, Sua beleza excelsa sempre atraiu homens que, rompendo a frieza e a indiferença a que chegou o povo de Deus, declaram-se apaixonados por Jesus e registram o amor por Ele com a tinta de sua pena e com o sangue de sua vida derramada. Hudson Taylor foi um destes.

Vivemos dias em que o povo de Deus oscila entre os extremos da frieza teológica, por um lado, que valoriza títulos acadêmicos e experiência docente em detrimento da profunda obra da cruz, e, por outro lado, das emoções desequilibradas, almáticas, manipuladas por líderes que desconhecem a genuína ação do Espírito de Deus. *O Poder Latente da Alma*, de Watchman Nee, e *Guerra Contra os Santos*, de Jessie Penn-Lewis, revelam de maneira clara o perigo deste último extremo, enquanto

Taylor é um anti-testemunho denunciando o perigo do primeiro. Deus não precisa de acadêmicos frios, se tudo o que tiverem de experiências com Ele forem seus canudos universitários; Deus precisa de homens que o amem acima de todas as coisas. Radicalmente. Apaixonadamente. Absolutamente.

Os salvos em Jesus precisam reaprender a amá-lo. Precisam reaprender a cantar, não apenas o que Ele faz, mas principalmente o que Ele é em Si mesmo. Precisamos aprender a lição que certa mulher, nos tempos antigos, com gritos de dor, proclamou ao povo de sua cidade, com uma tocha em uma mão e um balde com água na outra: "Quisera eu, com esta tocha, incendiar os céus e, com esta água, apagar as chamas do inferno, para que vós buscásseis o Senhor, não pela esperança de irem para o Céu nem pelo temor de arder no fogo do inferno, mas o buscásseis por amor a Ele só, por ser Ele quem é".

Com o desejo de contribuir para que o mais Belo entre milhares volte a conquistar o coração daqueles por quem morreu é que publicamos este livro.

Queremos encerrar com um agradecimento especial ao empenho da tradutora em criar as diferenciações de tipologia no original, não encontradas no texto, que facilitarão grandemente a leitura deste livro e a compreensão de Cântico dos cânticos. Isso também é amor ao Noivo.

[Senhor,] não é sem razão que te [amamos].
—Cântico dos cânticos 1:4

Os editores
Mogi das Cruzes, SP
Fevereiro de 2002

Prefácio

Este pequeno livro é um dos permanentes legados de Hudson Taylor à Igreja, cuja intenção é levar os dedicados estudantes da Bíblia às pastagens verdejantes do Bom Pastor, e daí à Sala do Banquete do Rei, e, então, ao serviço nas Vinhas. Sob o poder de uma evidente unção do Santo, ele foi capacitado a abrir, em linguagem simples, profundas verdades quanto à união pessoal dos crentes com Deus, que de maneira simbólica e imagética são o tema de Cântico dos cânticos. E, ao fazê-lo, forneceu uma direção segura para a compreensão daquele que é um dos livros mais mal-entendidos e pouco considerados das Sagradas Escrituras. Pois aos que em espanto, diante da riqueza de linguagem e profusão de figuras, que ao mesmo tempo ocultam e revelam seu significado, disseram: "Como poderei entender, se alguém não me explicar?", podemos seguramente dizer que estas páginas ajudarão e abençoarão a todos eles.

Para aqueles que o conheceram, a vida de Hudson Taylor foi de acordo com o enfoque deste pequeno livro. Pois ele mesmo foi o exemplo do que explanou aqui. Sua vida inteira demonstrou, de fato, o que suas palavras aqui sugerem quanto à possibilidade e a bênção da união com Cristo. Ele viveu como *para pertencerdes a outro, àquele que ressuscitou dentre os mortos*; e como o resultado daquela união ele produziu "frutos para Deus". Aquilo que ele era deu significado e confirmação ao que ele disse aqui, sem nenhum exagero. É inevitável haver aqueles que lerão e rejeitarão como sendo místico e impraticável, aquilo que diz respeito tão diretamente à intimidade da comunhão com o Senhor invisível. Entretanto, eu me arrisco a dizer aos tais que o escritor destas páginas fundou a Missão do Interior da China. Ele traduziu sua visão do Amado num ardoroso serviço, que foi mantido impecável por todos os anos de uma vida sem paralelo nestes nossos dias.

Esta é, em verdade, a recomendação aos breves capítulos que se seguem. Eles proclamam um evangelho que foi apurado por experiência e constituem, no mínimo, um caminho através desta porção específica da Palavra de Deus, que guiará muitos que o trilharem às alegrias da terra de Emanuel.

J. Stuart Holden
Em 1.º de junho de 1914

Introdução

O grande propósito dos tratamentos dispensacionais de Deus é revelado em 1 Coríntios 15: "...para que Deus seja tudo em todos" (v.28). Concordando com isso está o ensinamento de nosso Senhor: "E a vida eterna é esta [o seu objeto]: que te conheçam a ti, o único Deus verdadeiro, e a JESUS CRISTO, a quem enviaste" (João 17.3). Assim sendo, não deveríamos nós agir sabiamente ao manter em vista esse alvo em nossa vida diária, e no estudo da Palavra santa de Deus?

"Toda a Escritura é inspirada por Deus e útil", e, portanto, nenhuma parte dela pode ser desprezada sem que haja prejuízo. Poucas porções da Palavra ajudarão mais o estudante dedicado na busca desse tão importante "conhecimento de Deus", do que o tão desprezado Cântico dos cânticos de Salomão. Assim como outras passagens da Palavra de Deus, esse livro tem suas dificuldades. Mas o mesmo acontece com todas as obras de Deus. Elas ultrapassam nossos limitados poderes de compreensão. Pode o homem fraco esperar entender o poder divino, ou compreender e interpretar as obras ou as providências do Todo-sábio? E, se não, é alguma surpresa que a Sua Palavra também necessite de uma sabedoria super-humana para a sua interpretação? Graças a Deus, a iluminação pelo Espírito Santo está prometida a todos os que a buscam: o que mais podemos desejar?

Lido sem uma "chave", esse livro é particularmente ininteligível, mas a chave é facilmente encontrada nos ensinamentos do Novo Testamento. O Verbo Encarnado é a verdadeira chave para a Palavra escrita; mas, mesmo antes da encarnação, os estudantes dedicados do Antigo Testamento encontrariam muita ajuda nos escritos proféticos para entender os mistérios sagrados desse livro; pois, ali, Israel foi ensinado de que o seu Criador era o seu Marido. João Batista, o último dos profetas, reconheceu o Noivo na pessoa de Cristo, e disse: "O que tem a noiva é o noivo; o amigo do noivo que está presente e o ouve muito se regozija por causa da voz do noivo. Pois esta alegria já se cumpriu em mim". Em Efésios 5, Paulo vai mais além e ensina que a união de Cristo com Sua Igreja e a sua submissão a Ele são a base do próprio relacionamento do casamento e apresenta o padrão para toda união espiritual.

Em Salomão, o noivo-rei, bem como o autor deste poema, nós temos um tipo do nosso Senhor, o real Príncipe da paz, em Seu reino vindouro. E então encontraremos não apenas a Sua noiva, a Igreja, mas também um povo disposto, Seus súditos, sobre os quais Ele reinará em glória. Então, potentados de lugares distantes trarão suas riquezas, e contemplarão a glória do Rei entronizado, provando-o com difíceis perguntas, como certa vez a rainha de Sabá o fez vindo ao rei Salomão; e bem-aventurados serão aqueles a quem esse privilégio for concedido. Uma breve olhadela os satisfará por toda a existência; mas, qual será a real nobreza e bem-aventurança da ascensa e exaltada noiva! Para sempre com o seu Senhor, para sempre tal qual o seu Senhor, para sempre sabendo que o Seu desejo é para ela, ela compartilhará igualmente Seu coração e Seu trono. Um estudo do livro, que nos ajuda a entender esses mistérios da graça e do amor, é muito proveitoso.

É interessante perceber o contraste entre este livro e o que o precede, o livro de Eclesiastes, que nos ensina enfaticamente: "Vaidade de vaidades, tudo é vaidade"; e a necessária introdução a Cântico dos cânticos de Salomão, que mostra quão verdadeira bênção e satisfação é ser possuído pelo Senhor. Da mesma maneira, o ensinamento de nosso Salvador, em João 4, mostra numa palavra a fragilidade das coisas terrenas para dar uma satisfação duradoura, em notável contraste com o fluir da bênção que resulta da presença do Espírito Santo (cuja obra é esta, não revelar a Si mesmo, mas CRISTO como o Noivo da alma); "Quem beber desta água tornará a ter sede; aquele, porém, que beber da água que eu lhe der nunca mais terá sede; pelo contrário, a água que eu lhe der será nele uma fonte a jorrar" — transbordando ininterruptamente — "para a vida eterna".

Será proveitoso considerarmos o livro em seis seções:

I. A Vida sem satisfação e a solução para isso
Capítulo 1:2–2:7
II. Comunhão interrompida. Restauração
Capítulo 2:8–3:5
III. Comunhão sem interrupção
Capítulo 3:6–5:1
IV. Comunhão novamente interrompida. Restauração
Capítulo 5:2–6:10
V. Frutos de reconhecida união
Capítulo 6:11–8:4
VI. Comunhão irrestrita
Capítulo 8:5-14

Em cada uma dessas seções, encontraremos os seguintes interlocutores: a noiva, o Noivo, e as filhas de Jerusalém. Não é muito difícil perceber quem está falando, mas já se chegou a diferentes conclusões em alguns dos versículos. A noiva se refere ao Noivo como o "seu Amado"; o Noivo se refere a ela como "Sua querida", ao passo que o discurso das filhas de Jerusalém é mais variado. Nas quatro últimas seções, elas a chamam de "a mais formosa entre as mulheres"; mas na quinta seção ela é chamada de "a Sulamita", ou, a noiva do Rei, e também como "a filha do Príncipe".

O estudante desse livro encontrará grande ajuda ao fazer adequada marcação da Bíblia.

Uma linha horizontal separando a fala de cada interlocutor com uma linha dupla para dividir as seções seria útil, bem como linhas perpendiculares nas margens para indicar o interlocutor. Nós temos riscado uma linha simples para ligar os versículos que contêm as palavras da noiva; uma linha dupla para as palavras do Noivo, e uma linha ondulada para as palavras das filhas de Jerusalém.

Será observado que a noiva é o principal interlocutor nas Seções I e II, onde está muito ocupada consigo mesma; mas, na seção III, onde a comunhão está fluindo, ela tem pouco a dizer e aparece ali como a ouvinte; as filhas de Jerusalém têm aí uma longa fala, e o Noivo a Sua mais longa fala. Nesta seção, pela primeira vez, o Noivo a chama de Sua noiva, e a atrai a ter comunhão com Ele em serviço. Na Seção IV, a noiva novamente é a principal interlocutora, mas, após a sua restauração, o Noivo fala longamente e "não a censura". Na seção V, como nós observamos, a noiva não é mais chamada de "a mais formosa entre as mulheres", mas reivindica ser considerada como tal, e é reconhecida como a noiva real. Na seção VI, o Noivo reivindica seu direito sobre ela desde o seu próprio nascimento e não meramente a partir de seu desposório, assim como Deus fez em Ezequiel 16, em relação a Israel.

No secreto de Sua presença
Como minha alma se deleita em esconder-se!
Ó, como são preciosas as lições
Que eu aprendo ao lado de JESUS!
Os cuidados terrenais não podem nunca me incomodar
Nem mesmo as provas me abater
Pois quando Satanás vem para me perturbar
Para o lugar secreto eu vou!

NOTA:

Nas passagens do livro de Cântico dos cânticos de Salomão transcritas em cada seção desta obra, as falas dos interlocutores são apresentadas com formatações diferentes:

- **em negrito** — o Noivo (o Amado)
- *em itálico* — a noiva (a querida)
- em formato regular — as filhas de Jerusalém

Cântico de Salomão

"Cântico dos cânticos de Salomão"

Cântico dos cânticos 1:1

Que esse livro seja chamado *o* Cântico dos cânticos! Não há cântico como esse. Lido corretamente, ele traz uma felicidade ao coração que está longe de ser comparada à alegria das coisas terrenas, tal como o céu é mais elevado do que a terra. Tem sido dito, com propriedade, que esse é um cântico que somente a graça pode ensinar, e por experiência apenas pode ser aprendido. Nosso Salvador, falando da união do ramo com a videira, acrescenta: "Tenho-vos dito estas coisas para que o meu gozo esteja em vós, e o vosso gozo seja completo" (João 15:11). E o discípulo amado, escreveu sobre Ele como "o que era desde o princípio" e aquele que "estava com o Pai, e nos foi manifestado", para que nós possamos compartilhar a comunhão que Ele desfrutou, e diz também: "Estas coisas, pois, vos escrevemos para que a nossa alegria seja completa". União com Cristo e permanência Nele asseguram: paz, perfeita paz; descanso, constante descanso; respostas a todas as nossas orações; vitória sobre todos os nossos inimigos; pura e santa maneira de viver; produção sempre crescente de frutos. Tudo isso é o feliz resultado de permanecer em Cristo. A finalidade prática desse precioso livro é aprofundar essa união, e fazer mais constante esta permanência.

Seção I

*A vida sem satisfação
e a solução para isso*

Cântico dos cânticos 1:2–2:7

É fácil reconhecer que é a noiva quem fala nos versículos 2 a 7. As palavras não são aquelas de alguém morto em ofensas e pecados, para quem o Senhor é como raiz de uma terra seca, sem aparência nem formosura. A noiva teve seus olhos abertos para contemplar Sua beleza, e anela por usufruir mais plenamente do Seu amor.

Beija-me com os beijos da tua boca; porque melhor é o teu amor[2] do que o vinho.

E assim, começa um estágio diferente no desenvolvimento da vida da graça na alma. E esta experiência registrada é uma espécie de garantia divina ao desejo por sensíveis manifestações de Sua presença, sensíveis comunicações do Seu amor. Mas não foi sempre assim com ela. Outrora ela estava satisfeita em Sua ausência, e outro relacionamento com outras ocupações a satisfaziam; mas agora isso não pode ser mais assim. O mundo não pode mais ser para ela o que já foi; a noiva aprendeu a amar ao seu Senhor, e nenhum outro relacionamento que não seja com Ele pode satisfazê-la. Suas visitações podem ser ocasionais e breves, mas são preciosos momentos de deleite. Esses momentos são lembrados com prazer nos intervalos, e a repetição deles é muito desejada. Não há qualquer satisfação real sem Sua presença, e ainda, ai dela, Ele não está todo o tempo com ela: Ele vem e vai. Agora, a sua alegria está um céu abaixo; mas novamente ela está anelando, e anelando em vão por Sua presença. Tal qual as marés

---

[2]Amor = Carinhos, afagos.

que sempre mudam, a experiência dela é como o fluxo e o refluxo de uma maré; pode mesmo ser que a inquietação seja a regra, e satisfação seja a exceção. Não há solução para isso? Isso teria de continuar assim? Teria ou poderia Ele ter criado esses anelos insaciáveis apenas para serem uma tortura? Estranho, realmente, seria se este fosse o caso. Entretanto, não há muitos do povo do Senhor cuja experiência habitual corresponde à dela? Eles não conhecem o descanso, a alegria de permanecer em Cristo; e eles não sabem nem como alcançar isso, nem por que isso não é deles. Há muitos que olham para trás, para os tempos de delícias do seu primeiro amor, muitos que, longe de encontrar a sua mais rica herança em Cristo, estão até mesmo conscientes de que perderam o seu primeiro amor e podem expressar sua experiência em triste lamento:

Onde estão as bem-aventuranças que eu experimentei
Quando inicialmente conheci o Senhor?

Outros, que talvez não tenham perdido o seu primeiro amor, podem ainda estar sentindo que as interrupções ocasionais à comunhão estejam se tornando cada vez mais insuportáveis, à medida que o mundo se torna algo menor para eles e o Senhor, maior. Sua ausência é uma aflição cada vez mais intensa. "Ah! Se eu soubesse onde o poderia achar!"; "Beija-me com os beijos da tua boca; porque melhor é o teu amor do que o vinho."; "Como seria bom se o amor Dele fosse forte e constante como o meu, e que Ele nunca retirasse de sobre mim a luz do Seu rosto!"

Pobre equivocada! "Há um amor muito mais forte que o teu esperando, anelando por satisfação. O Noivo está esperando por ti todo o tempo; as condições que impedem Sua aproximação são todo o tempo de tua própria autoria. Tome a correta posição diante Dele, e Ele estará mais do que pronto, mais do que contente em satisfazer teus mais profundos anelos e todas as tuas necessidades." O que poderíamos pensar de alguém já comprometido com o Noivo, cujo conceito e vontade própria impedem não apenas a consumação de sua própria alegria, mas a Dele que deu a ela Seu coração? Apesar de nunca achar descanso em Sua ausência, ela não pode confiar totalmente Nele, e ela não abre mão de seu próprio nome, seus próprios direitos e possessões, sua própria vontade, a Ele que se tornou necessário para a sua alegria. Ela de bom grado o requestaria totalmente, sem entregar-se completamente a Ele, mas isso não pode nunca ser assim: enquanto ela mantém seu próprio nome, não pode nunca requerer o Dele. Ela não pode prometer amar e honrar se não prometer também obedecer; e até que seu amor alcance o ponto de rendição, ela terá de permanecer uma amante insatisfeita — ela não pode, como uma noiva satisfeita, achar descanso na casa de seu marido. Enquanto ela mantém sua própria vontade e o controle de suas possessões, tem de se contentar em viver de seus próprios recursos; ela não pode reivindicar os Dele.

Poderia haver uma prova mais triste da extensão e da realidade da Queda do que a profunda falta de confiança em nosso Senhor e Mestre, que nos leva a hesitar em nos darmos totalmente a Ele, temendo que Ele possa requerer algo além de nossas forças, ou pedir alguma coisa que acharíamos difícil dar ou fazer? O real segredo de uma vida insatisfeita está, muito frequentemente, em uma vontade não rendida. E, todavia, quão tolo, bem como, quão errado é isso? Teríamos nós a fantasia de sermos mais sábios do que Ele? Ou que nosso amor por nós mesmos seja mais terno e forte do que o Dele? Ou que conhecemos a nós mesmos melhor do que Ele? Como a nossa desconfiança deve ofender e ferir mais uma vez o terno coração daquele que foi por nós o Homem de Dores! Quais seriam os sentimentos de um noivo humano, se ele descobrisse que sua noiva-eleita estava temendo casar-se com ele, com receio de que, quando tivesse poder, ele poderia tornar a vida dela insuportável? Todavia, quantos dos remidos do Senhor não o tratam exatamente dessa maneira? Não é de se admirar que eles não estejam nem felizes nem satisfeitos!

Mas o verdadeiro amor não pode estacionar; ele tem de aumentar ou diminuir. O amor divino sempre nos cativará, apesar de todos os medos injustificados do nosso pobre coração.

A noiva exclama:

Suave é o aroma dos teus unguentos, como unguento derramado é o teu nome; por isso, as donzelas te amam.

Não havia um unguento tal como aquele com o qual o sumo sacerdote era ungido: nosso Noivo é tanto um Sacerdote como um Rei. A noiva temerosa não pode se desfazer totalmente de seus receios; mas a falta de paz e o anelo tornam-se insuportáveis, e ela resolve render-se totalmente, e aí poderá segui-lo integralmente. Ela submeterá todo o seu ser a Ele, coração e força, influência e possessões. Nada pode ser tão insuportável quanto a Sua ausência! Se Ele a guiar para outro Moriá, ou até mesmo a um Calvário, ela o seguirá.

Leva-me tu, correremos após ti. (ARC)

Mas, ah! O que vem a seguir? Uma maravilhosa e feliz surpresa! Nem Moriá, nem Calvário, ao contrário, um Rei! Quando o coração se submete, então Jesus reina. E quando Jesus reina, *há* descanso.

E para onde Ele dirige Sua noiva?

O rei me introduziu nas suas recâmaras.

Não primeiramente à sala do banquete — isso acontecerá no devido tempo; mas, primeiro, estar a sós com Ele.

Quão perfeito! Poderíamos ficar satisfeitos em encontrar alguém amado somente em público? Não, nós queremos estar com ele à parte, tê-lo exclusivamente para nós. Assim é com o nosso Mestre: Ele toma Sua noiva — agora totalmente consagrada — à parte, para experimentar e desfrutar as intimidades sagradas de Seu maravilhoso amor. O Noivo da Igreja anela por comunhão com Seu povo mais do que eles anelam por comunhão com Ele, e frequentemente tem de clamar:

Mostra-me o rosto, faze-me ouvir a tua voz, porque a tua voz é doce, e o teu rosto, amável.

Não estamos nós muito mais prontos a buscá-lo em razão de nossas necessidades do que para Sua alegria e prazer? Isso não deveria ser assim. Nós não apreciamos crianças egoístas que pensam apenas no que podem obter de seus pais, e não têm nenhum pensamento quanto a agradá-los ou a servi-lhes. E não estaríamos nós correndo o risco de esquecer que agradar a Deus significa dar a Ele prazer? Alguns de nós olham para trás, no tempo em que as palavras "agradar a Deus" significavam apenas não pecar contra Ele, não ofendê-lo; mas seria o amor dos pais terrenais satisfeito apenas com a simples ausência de desobediência? Ou um noivo se satisfaria se a noiva só o buscasse para suprir as necessidades dela?

Uma palavra sobre a devoção matinal caberia bem aqui. Não há hora mais bem empregada do que a primeira hora do dia dada somente a Jesus. Será que damos suficiente atenção a essa hora? Se possível, ela deveria ser cumprida; nada pode substituí-la. Nós temos que investir tempo para sermos santos! Um outro pensamento: quando trazemos nossas questões a Deus, será que muitas vezes não vamos adiante e fazemos outra petição, ou deixamos a comunhão sem esperar pelas respostas? Será que isso não mostra uma pequena expectativa pelas respostas e pouco desejo por elas? Será que gostaríamos de ser tratados assim? Uma espera silenciosa diante de Deus nos pouparia de muitos erros e muitas dores.

Nós encontramos a noiva fazendo a feliz descoberta de um Rei — seu Rei — e não de uma cruz, como ela esperava; esse é o especial resultado de sua consagração.

> Em ti nos regozijaremos e nos alegraremos; do teu amor nos lembraremos, mais do que do vinho; não é sem razão que te amam.

Outra descoberta não menos importante a aguarda. Ela viu a face do Rei, e como o sol nascente revela o que estava escondido na escuridão, assim a Sua luz revelou-lhe a sua cor escura. "Ah!", ela lamenta, "Eu sou morena"; "Mas formosa", exclama o Noivo, com incomparável graça e ternura. "E ainda, morena como as tendas de Quedar", ela continua. "Porém para mim", Ele responde, "tu és formosa como as cortinas de Salomão!". Nada leva a alma a uma posição humilde como a sagrada e íntima comunhão com o Senhor; entretanto há uma doce alegria em sentir que *Ele* sabe *de tudo*, e, mesmo assim, ainda nos ama. Coisas antes chamadas "pequenas negligências" são vistas com outros olhos no "secreto de Sua presença". Ali nós vemos o erro, o pecado, de não guardarmos nossa própria vinha. Isto a noiva confessa:

> *Não olheis para o eu estar morena, porque o sol me queimou. Os filhos de minha mãe se indignaram contra mim e me puseram por guarda de vinhas; a vinha, porém, que me pertence, não a guardei.*

Nossa atenção é chamada aqui a um perigo que sobressai atualmente: a intensa atividade de nossos dias pode nos levar ao zelo em serviço, e *a negligenciar a comunhão pessoal*; mas, tal negligência não somente reduzirá o valor do serviço, mas tenderá a nos incapacitar ao mais elevado serviço. Se nós zelamos pelas almas de outros, mas negligenciamos a nossa própria — se estamos buscando remover o argueiro dos olhos do nosso irmão, descuidados da trave em nossos próprios olhos, nós, frequentemente, ficaremos desapontados com nossa falta de poder para ajudar nossos irmãos, enquanto o nosso Mestre não ficará menos decepcionado conosco. Não nos esqueçamos nunca de que o que somos é mais importante do que aquilo que fazemos; e, que todo fruto gerado fora da permanência em Cristo será um fruto da carne, e não do Espírito. O pecado de negligenciar a comunhão pode ser perdoado, mas ainda o efeito dele fica permanentemente, como feridas que são curadas, mas deixam cicatrizes.

Agora, chegamos a uma doce evidência da realidade da união de coração da noiva com seu Senhor. Ela é uma com o Bom Pastor: de imediato, seu coração vai instintivamente alimentar o rebanho, mas ela deseja trilhar os passos Dele, a quem ama, e não trabalharia sozinha, nem em outra companhia que não fosse a Dele.

Dize-me, ó amado de minha alma: onde apascentas o teu rebanho, onde o fazes repousar pelo meio-dia, para que não ande eu vagando junto ao rebanho dos teus companheiros?

Ela não confundirá a companhia de Seus servos com a de seu Mestre.

Se tu não sabes, ó mais formosa entre as mulheres, sai-te pelas pisadas dos rebanhos e apascenta os teus cabritos, junto às tendas dos pastores.

Essas são as palavras das filhas de Jerusalém e respondem corretamente aos questionamentos dela. Que ela demonstre seu amor ao seu Senhor ao alimentar Suas ovelhas, ao apascentar Seus cordeiros (veja João 21:15-17), e ela não precisará temer perder a Sua presença. Ao compartilhar com outros pastores o cuidado por Seu rebanho, ela encontrará o Pastor-chefe ao seu lado e desfrutará os sinais de Sua aprovação. Isso será serviço *com* Jesus, bem como *para* Jesus.

Mas muito mais doce do que a resposta das filhas de Jerusalém é a voz do Noivo, que é quem fala agora. É o fruto vivo da unidade de coração com Ele que faz com que o Seu amor irrompa nas palavras cheias de alegria dos versículos 9 a 11. Não somente é verdade que o nosso amor por nosso Senhor será manifesto ao alimentarmos Suas ovelhas, como também Ele, que, quando estava na Terra, disse: "Em verdade vos afirmo que, sempre que o fizestes a um destes meus pequeninos irmãos, a mim o fizestes", tem o amor do Seu coração inflamado e frequentemente revela-se a Si mesmo, de maneira especial, àqueles que estão ministrando a outros para Ele.

O elogio feito à noiva no versículo 9 é de admirável propriedade e beleza:

Às éguas dos carros de Faraó te comparo, ó querida minha.

Lembrem-se de que, originalmente, os cavalos vieram do Egito, e que os puros-sangues, ainda encontrados na Arábia, foram trazidos durante o reinado de Salomão, por seus mercadores, para todos os reis do Oriente. Aqueles selecionados para os carros de Faraó eram não apenas os de mais puro-sangue e perfeitos em suas proporções e simetrias, mas também perfeitamente treinados, dóceis e obedientes; eles não conheciam nenhuma outra vontade a não ser a do condutor da carruagem, e o único objeto de sua existência era transportar o rei onde quer que ele fosse. Assim deveria ser com a Igreja de Cristo: um corpo com muitos membros, habitado e guiado pelo Espírito, retendo o Cabeça, e não conhecendo nenhuma outra vontade a não ser a Dele — seus rápidos e harmoniosos movimentos deveriam levar o Seu reino a se expandir pelo mundo.

Muitos anos atrás, um amado amigo que retornava do Oriente pela via terrestre, fez a jornada de Suez ao Cairo na incômoda diligência que era usada naquela época. Ao embarcar, os passageiros tomaram seus lugares, e aproximadamente 12 cavalos jovens e bravios estavam atrelados com rédeas ao veículo. O condutor tomou seu assento e estalou seu chicote, e os cavalos partiram depressa, alguns para a direita, alguns para a esquerda, e outros para a frente fazendo a carruagem partir com um pulo e subitamente parar, arremessando primeiramente aqueles que estavam no assento da frente ao colo dos que estavam assentados atrás, e, depois, ao contrário, jogando os de trás para a frente. Com a ajuda de árabes competentes, que corriam de cada lado para manter os agitados animais avançando na direção certa, os passageiros eram arremessados e golpeados com solavancos, moídos e sacudidos, até que, ao chegar ao seu destino, eles estavam tão exauridos e doloridos que nem podiam ter o descanso de que tanto precisavam.

Não é a Igreja de Deus hoje mais parecida com estes cavalos sem treino, do que com as éguas dos carros de Faraó? E quando vontade própria e desunião estão aparentes na Igreja, não é de se admirar que o mundo ainda esteja a jazer no maligno e que as grandes nações pagãs mal sejam tocadas.

Mudando o Seu sorriso, o Noivo continua:

Formosas são as tuas faces entre os teus enfeites, o teu pescoço, com os colares. Enfeites de ouro te faremos, com incrustações de prata.

A noiva não é apenas bela e útil ao seu Senhor; ela está também adornada, e é o prazer Dele acrescentar a ela mais adornos. Os Seus presentes não são flores perecíveis, nem berloques destituídos de valor: o mais refinado ouro, a mais pura prata e as mais preciosas e duráveis joias são os presentes do Noivo real para a Sua esposa; e estes, trançados entre os cabelos dela, aumentam o prazer Dele que os concedeu.

Nos versículos 12 a 14 a noiva responde:

Enquanto o rei está assentado à sua mesa, o meu nardo exala o seu perfume.

É na presença Dele e por Sua graça que qualquer fragrância ou beleza que possa ser encontrada em nós é manifesta. Dele como a fonte, através Dele como instrumento e para Ele como sua finalidade, é tudo aquilo que é gracioso e divino. Mas ELE MESMO é muito melhor do que toda a Sua graça que age em nós.

O meu amado é para mim como um saquitel de mirra, posto entre os meus seios. Como um racimo de flores de hena nas vinhas de En-Gedi, é para mim o meu amado.

Bom é quando os nossos olhos estão saciados com a Sua beleza e o nosso coração preenchido com Ele. À medida que isso for real em nós, reconheceremos a recíproca de que Seu grande coração está preenchido conosco.

Observe a resposta do Noivo:

Eis que és formosa, ó querida minha, eis que és formosa; os teus olhos são como os das pombas.

Como pode o Noivo de fato usar tais palavras sobre alguém que se reconhece como

Morena "como as tendas de Quedar"?

E ainda mais fortes são as palavras do Noivo no versículo 7 do capítulo 4:

Tu és toda formosa, querida minha, e em ti não há defeito.

Encontraremos explicação para isso em 2 Coríntios 3. Moisés, ao contemplar a glória divina, ficou tão transformado que os israelitas não aguentaram olhar para a glória de sua face. "E todos nós, com o rosto desvendado, contemplando [e refletindo] como por espelho, a glória do Senhor, somos transformados, de glória em glória [o brilho captado da glória do Senhor transforma-nos para a glória], na sua própria imagem, como pelo Senhor, o Espírito". Todo espelho tem duas faces; uma é opaca, não refletora e cheia de manchas; porém, quando a face refletora está voltada para nós, não vemos nenhuma mancha, mas, vemos a nossa própria imagem. Portanto, enquanto a noiva se deleita com a beleza do Noivo, Ele contempla Sua própria imagem nela; ali não há nenhuma mancha, tudo é formoso. Que possamos todos sempre refletir essa imagem para que Ele a contemple e para o mundo no qual nós vivemos com o real propósito de refleti-lo.

Note, novamente, as palavras Dele:

Os teus olhos são como os das pombas.
(Ou **tu tens olhos de pomba**.)

O falcão é um belo pássaro e tem belos olhos, vivos e penetrantes; mas o Noivo não deseja olhos de falcão em Sua noiva. Os delicados olhos da inocente pomba são os que Ele admira. Foi como uma pomba que o Espírito Santo veio sobre Ele em Seu batismo, e o caráter de pomba é o que Ele busca em cada de um do Seu povo.

A razão pela qual Davi não teve permissão para construir o templo foi muito significativa. Sua vida estava longe de ser perfeita, e seus erros e pecados foram fielmente registrados pelo Espírito Santo. Eles trouxeram sobre ele os castigos de Deus, porém não foi nenhum de seus erros que o desqualificou para construir o templo, mas foi o seu espírito de guerra — e isso apesar de muitas de suas batalhas, se não todas, terem sido para o estabelecimento do reino de Deus e o cumprimento de Suas promessas a Abraão, Isaque, e Jacó. Somente Salomão, o príncipe da paz, poderia construir o templo. Se nós quisermos ser ganhadores de almas e edificar a Igreja, que é o Seu templo, prestemos atenção nisto: não é por meio de discussões ou argumentos, mas é exaltando a Cristo que poderemos atrair os homens a Ele.

Agora, chegamos à resposta da noiva. Ele a chamou de formosa; sabiamente e bem, ela responde:

Como és formoso, amado meu, como és amável! O nosso leito é de viçosas folhas, as traves da nossa casa são de cedro, e os seus caibros, de cipreste. Eu sou a rosa de Sarom, o lírio dos vales.

As últimas palavras são frequentemente citadas como sendo do Noivo, mas estamos errados em crer assim. É a noiva quem fala, na verdade: Tu me chamas formosa e amável, mas a formosura e a amabilidade são Tuas; eu sou apenas uma flor selvagem, inferior, uma rosa de Sarom sem fragrância (isto é, o açafrão do outono) ou um lírio do vale.

A isso, o Noivo responde:

Está bem, mas apesar de ser uma flor selvagem, porém... Qual lírio entre os espinhos, tal é a minha querida entre as donzelas.

Novamente, a noiva responde:

Como a macieira [a cidreira] *entre as árvores do bosque, tal é o meu amado entre os jovens; desejo muito a sua sombra e debaixo dela me assento, e o seu fruto é doce ao meu paladar.*

A cidreira é uma linda e robusta árvore, proporcionando deliciosa sombra bem como frutos refrescantes. Como uma modesta flor agreste, ela mesma reconhece o Seu Noivo como uma nobre árvore, tanto ornamental como frutífera. Sombra contra o sol escaldante, refrigério e descanso ela encontra Nele. Que contraste entre a atual posição dela e seus sentimentos em relação aos que tinha no início desta seção! Ele sabia muito bem a causa de todos os temores dela: sua desconfiança era resultado da sua falta de conhecimento Dele. Ele a tomou à parte, e, na doce intimidade do amor mútuo, os temores e a desconfiança dela desapareceram, como a névoa da manhã antes do nascer do sol.

Mas agora que ela aprendeu a conhecê-lo, ela tem uma experiência mais avançada do amor dele. Ele não se envergonha de reconhecê-la publicamente.

Leva-me à sala do banquete, e o seu estandarte sobre mim é o amor.

A sala do banquete agora é tão apropriada como eram as recâmaras do Rei. Sem medo e sem se sentir envergonhada, ela pode se assentar ao Seu lado, Sua esposa legítima, a Sua noiva escolhida. Inebriada com Seu amor, ela exclama:

Sustentai-me com passas, confortai-me com maçãs, pois desfaleço de amor. A sua mão esquerda esteja debaixo da minha cabeça, e a direita me abrace.

Agora, ela encontra a bênção de ser possuída. Não mais pertencendo a si mesma, o descanso do coração é tanto um direito seu quanto seu desfrute, e assim também será para o Noivo.

Conjuro-vos, ó filhas de Jerusalém, pelas gazelas e cervas do campo, que não acordeis, nem desperteis o amor, até que este[3] o queira.

---

[3] O pronome aqui e em 3:5 e 8:4 deveria ser "ela" e não "este" ou "ele" como aparece na ARA e outras versões.

Nunca é pela vontade Dele que o nosso descanso Nele é perturbado:

Você pode sempre permanecer,
Se desejar, ao lado de Jesus;
No esconderijo de Sua presença,
Você pode se ocultar a todo momento.

Não há nenhuma mudança em Seu amor; Ele é o mesmo ontem, hoje, e para sempre. Para nós Ele promete: "De maneira alguma te deixarei, nunca jamais te abandonarei", e Sua forte exortação e ordem é: "...permanecei em mim, e eu permanecerei em vós".

Cântico dos cânticos 1:2–2:7
(Como tratado na Seção 1)

- **Texto em negrito — é o Noivo que fala**
- *Texto em itálico — é a noiva que fala*
- Texto regular — são as filhas de Jerusalém que falam

1:2 *Beija-me com os beijos de tua boca; porque melhor é o teu amor do que o vinho.*

1:3 *Suave é o aroma dos teus unguentos, como unguento derramado é o teu nome; por isso, as donzelas te amam.*

1:4 *Leva-me após ti, apressemo-nos. O rei me introduziu nas suas recâmaras. Em ti nos regozijaremos e nos alegraremos; do teu amor nos lembraremos, mais do que do vinho; não é sem razão que te amam.*

1:5 *Eu estou morena e formosa, ó filhas de Jerusalém, como as tendas de Quedar, como as cortinas de Salomão.*

1:6 *Não olheis para o eu estar morena, porque o sol me queimou. Os filhos de minha mãe se indignaram contra mim e me puseram por guarda de vinhas; a vinha, porém, que me pertence, não a guardei.*

1:7 *Dize-me, ó amado de minha alma: onde apascentas o teu rebanho, onde o fazes repousar pelo meio-dia, para que não ande eu vagando junto ao rebanho dos teus companheiros?*

1:8 Se tu não o sabes, ó mais formosa entre as mulheres, sai-te pelas pisadas dos rebanhos e apascenta os teus cabritos junto às tendas dos pastores.
1:9 **Às éguas dos carros de Faraó te comparo, ó querida minha.**
1:10 **Formosas são as tuas faces entre os teus enfeites, o teu pescoço, com os colares.**
1:11 **Enfeites de ouro te faremos, com incrustações de prata.**
1:12 *Enquanto o rei está assentado à sua mesa, o meu nardo exala o seu perfume.*
1:13 *O meu amado é para mim um saquitel de mirra, posto entre os meus seios.*
1:14 *Como um racimo de flores de hena nas vinhas de En-Gedi, é para mim o meu amado.*
1:15 **Eis que és formosa, ó querida minha, eis que és formosa; os teus olhos são como os das pombas.**
1:16 *Como és formoso, amado meu, como és amável! O nosso leito é de viçosas folhas,*
1:17 *as traves da nossa casa são de cedro, e os seus caibros, de cipreste.*
2:1 *Eu sou a rosa de Sarom, o lírio dos vales.*
2:2 **Qual o lírio entre os espinhos, tal é a minha querida entre as donzelas.**
2:3 *Qual a macieira entre as árvores do bosque, tal é o meu amado entre os jovens; desejo muito a sua sombra e debaixo dela me assento, e o seu fruto é doce ao meu paladar.*
2:4 *Leva-me à sala do banquete, e o seu estandarte sobre mim é o amor.*

Cântico dos CÂNTICOS

2:5 *Sustentai-me com passas, confortai-me com maçãs, pois desfaleço de amor.*
2:6 *A sua mão esquerda esteja debaixo da minha cabeça, e a direita me abrace.*
2:7 **Conjuro-vos, ó filhas de Jerusalém, pelas gazelas e cervas do campo, que não acordeis, nem desperteis o amor, até que este** [Nota: O pronome aqui não deveria ser "este" como na ARA, nem "ele" como nas versões Contemporânea Revisada — Alfalit e Bíblia de Jerusalém, mas "ela".] **o queira.**

Seção II

Comunhão interrompida – Restauração

Cântico dos cânticos 2:8–3:5

> *Por esta razão, importa que nos apeguemos,*
> *com mais firmeza, às verdades ouvidas, para que*
> *delas jamais nos desviemos.* —Hebreus 2:1

Ao final da primeira seção, nós vimos a noiva satisfeita e descansada nos braços de seu Amado, que recomendou às filhas de Jerusalém não acordarem nem despertarem o Seu amor até que ela quisesse. Poderíamos supor que uma união tão completa, uma satisfação tão plena, nunca seria interrompida por uma falha da parte da noiva feliz. Mas a experiência da maioria de nós mostra como facilmente a comunhão com Cristo pode ser interrompida, e quão necessárias são as exortações de nosso Senhor para que aqueles os quais são, de fato, ramos da Videira verdadeira e purificados pela Palavra que Ele falou permaneçam Nele. A falha nunca é da parte Dele. "E eis que estou convosco todos os dias." Mas, ai dela, a noiva sempre esquece a exortação dirigida a ela no Salmo 45:

> *Ouve, filha; vê, dá atenção; esquece o teu povo e a casa*
> *de teu pai. Então, o Rei cobiçará a tua formosura;*
> *pois ele é o teu senhor; inclina-te perante ele (vv.10,11).*

Nesta seção, a noiva saiu da posição de bênção e voltou para um estado mundano. Talvez o próprio descanso de sua recém-encontrada alegria a levou a sentir-se muito segura; talvez tenha pensado que, no que dizia respeito a ela, não havia necessidade da exortação: "Filhinhos, guardai-vos dos ídolos". Ou ela pode ter pensado que o seu amor pelo mundo estava totalmente acabado, e que poderia com segurança voltar, e que, com uma pequena concessão ao mundo de sua parte, poderia ganhar seus amigos para seguirem o Senhor também. Talvez ela nem tenha pensado nada: feliz por estar salva e livre, esqueceu que a correnteza — o curso deste mundo — estava contra ela; e, sem perceber, deslizou de volta à posição em que estava quando foi chamada, todo o tempo sem perceber o seu desvio. Quando a corrente está contra nós, não é nem preciso virar a frente do barco no seu sentido para sermos levados rio abaixo, da mesma maneira que não é necessário a um velocista, numa corrida, olhar para trás para perder o prêmio.

Ah, quantas vezes o inimigo tem êxito, por um ou outro ardil, ao tentar o crente a deixar aquela posição de total consagração a Cristo, sem a qual a plenitude de Seu poder e de Seu amor não pode ser experimentada. Nós dizemos a plenitude de Seu poder e de Seu amor, pois ele pode não ter deixado de amar a seu Senhor. Na passagem que está adiante de nós, a noiva ainda o ama verdadeiramente, mas não totalmente; ainda há em Sua Palavra um poder que ela não deixa de perceber, apesar de que ela não a obedece mais instantaneamente. Ela quase não percebe o quanto está ofendendo ao seu Senhor e quão real é a parede de separação entre eles. Para ela, mundanismo parece ser coisa pequena. Ela não percebeu a seriedade de tantas passagens na Palavra de Deus que falam claramente da loucura, do perigo, do pecado da amizade com o mundo. "Não ameis o mundo nem as coisas que há no mundo. Se alguém amar o mundo, o amor do Pai não está nele."; "Infiéis, não compreendeis que a amizade do mundo é inimiga de Deus? Aquele, pois, que quiser ser amigo do mundo constitui-se inimigo de Deus."; "Não vos ponhais em jugo desigual com os incrédulos; porquanto que sociedade pode haver entre a justiça e a iniquidade? Ou que comunhão, da luz com as trevas? Que harmonia, entre Cristo e o Maligno? Ou que união, do crente com o incrédulo?" Logo:

> *Por isso, retirai-vos do meio deles,*
> *separai-vos, diz o Senhor; não toqueis coisas impuras;*
> *e eu vos receberei, serei vosso Pai, e vós sereis*
> *para mim filhos e filhas, diz o Senhor Todo-Poderoso.*

Temos de nos decidir: não podemos desfrutar o mundo e Cristo ao mesmo tempo. A noiva não tinha aprendido isso: ela de bom grado desfrutaria os dois, sem perceber a incompatibilidade entre eles. Ela observa com alegria a aproximação do Noivo.

> *Ouço a voz do meu Amado; ei-Lo aí galgando os*
> *montes, pulando sobre os outeiros. O meu Amado é*
> *semelhante ao gamo ou ao filho da gazela; eis que*
> *está detrás da nossa parede, olhando pelas janelas,*
> *espreitando pelas grades.*

O coração da noiva salta ao ouvir a voz do Seu amado, quando Ele vem procurá-la. Ele cruza as montanhas, chega perto dela, fica atrás da parede e até mesmo olha pela janela e, com ternas e tocantes palavras, Ele a corteja, atraindo-a a Si. Ele não a reprova, e as Suas súplicas de amor ficam profundamente gravadas na memória dela.

O meu Amado fala e me diz:

Levanta-te, querida minha, formosa minha, e vem. Porque eis que passou o inverno, cessou a chuva e se foi; aparecem as flores na terra, chegou o tempo de cantarem as aves, e a voz da rola ouve-se em nossa terra. A figueira começou a dar seus figos, e as vides em flor exalam o seu aroma; levanta-te, querida minha, formosa minha, e vem.

A natureza toda é responsiva ao retorno do verão; será que você, Minha noiva, não corresponderá ao Meu amor?

Levanta-te, querida minha, formosa minha, e vem.

Pode tal súplica ser em vão? Meu Deus, pode e foi! E o Noivo continua com palavras ainda mais tocantes:

Pomba minha, que andas pelas fendas dos penhascos, no esconderijo das rochas escarpadas, mostra-me o teu rosto, faze-me ouvir a tua voz, porque a tua voz é doce e o teu rosto, amável.

Maravilhoso pensamento o de que Deus desejaria ter comunhão conosco; e que Aquele, cujo amor fez Dele o Homem de dores, pode agora ser feito o Homem de alegrias, pela devoção amorosa de corações humanos.

Mas, mesmo fortes como são Seu amor e Seu desejo por Sua noiva, Ele não pode chegar mais perto. Onde a noiva está agora, Ele não poderá nunca vir. Mas, com certeza, ela irá até

Ele. Ele tem direito sobre ela. Ela sente e desfruta o Seu amor e não desprezaria o desejo Dele. Prestemos atenção, aqui não é a noiva anelando em vão por seu Senhor, mas é o Noivo que a está buscando, e que triste Ele ter de buscá-la em vão!

Apanhai-me as raposas, as raposinhas, que devastam os vinhedos, porque as nossas vinhas estão em flor.

Ele continua. Os inimigos podem ser pequenos, mas o dano é grande. Um pequeno ramo de flores a desabrochar, tão pequenino que mal pode ser percebido, é facilmente danificado, mas, por causa disso, a fertilidade de um ramo inteiro pode ser destruída para sempre. E quão numerosas são as raposinhas! Pequenos comprometimentos com o mundo, desobediência à voz mansa e suave em pequenas coisas, algumas satisfações dos desejos da carne levando a negligenciar obrigações; sutis golpes de esperteza, fazendo o mal em pequenas coisas para conseguir o bem; e a beleza e a frutificação da vinha são sacrificadas!

Nós temos uma triste ilustração da aparência enganosa do pecado na resposta da noiva. Em vez de se lançar adiante para encontrar o Noivo, ela primeiro conforta seu próprio coração pela lembrança da Sua fidelidade e de sua união com Ele:

O meu amado é meu, e eu sou dele; ele apascenta o seu rebanho entre os lírios.

"Minha posição é: estou segura, e não tenho necessidade de me preocupar com isso. Ele é meu, e eu sou Dele, e nada pode alterar esse relacionamento. Agora, posso encontrá-lo a qualquer hora, Ele apascenta o Seu rebanho entre os lírios. Enquanto o sol da prosperidade brilha sobre mim, eu posso com segurança ter desfrute aqui sem Ele. Poderiam vir provações e trevas, que Ele não me abandonaria."

> *Antes que refresque o dia e fujam as sombras, volta, amado meu; faze-te semelhante ao gamo ou ao filho das gazelas sobre os montes escabrosos.*

Sem se importar com o desejo Dele, ela delicadamente o despede, com o seguinte pensamento: "Daqui a pouco eu poderei desfrutar o Seu amor". E o Noivo ofendido se vai!

Pobre noiva tola! Ela cedo descobrirá que as coisas que antes a satisfaziam não a satisfazem mais, e que é mais fácil voltar um ouvido surdo ao terno chamado Dele, do que chamar de volta ou achar seu Senhor que se foi.

O dia refrescou e as sombras fugiram; mas Ele não retornou. Então, na noite fechada, ela descobriu seu erro: estava escuro e ela estava sozinha. Retirando-se para descansar, ela ainda esperava por Seu retorno — a lição de que o envolvimento com o mundo é uma barreira absoluta à comunhão plena ainda não havia sido aprendida.

> *De noite, no meu leito, busquei o amado de minha alma, busquei-o e não o achei.*

Ela espera e se fatiga. A ausência Dele torna-se insuportável:

Levantar-me-ei, pois, e rodearei a cidade, pelas ruas
e pelas praças; buscarei o amado da minha alma.
Busquei-o e não o achei.

Quão diferente é a posição dela da que deveria ter sido! Em vez de buscar o Noivo sozinha, desolada e na escuridão, ela deveria ter ido adiante com Ele à luz do sol apoiando-se no braço Dele. Ela deveria ter trocado a visão parcial de Seu amado através das grades, quando ela não podia mais dizer "Nada entre nós", pela alegria de Seu abraço e pela declaração pública por parte Dele de que ela é a Sua noiva escolhida!

Encontraram-me os guardas que rondavam pela cidade.
Então, lhes perguntei: vistes o amado da minha alma?
Mal os deixei, encontrei logo o amado da minha alma...

Ela já havia obedecido ao Seu comando: "Levanta-te, e vem". Sem temer reprovação, ela estava buscando-o no escuro; e quando ela começou a declará-lo como seu Senhor, ela logo o encontrou e voltou a achar graça diante Dele.

...agarrei-me a ele e não o deixei ir embora, até que o
fiz entrar em casa de minha mãe e na recâmara daquela
que me concebeu.

A Jerusalém lá de cima é a mãe de todos nós. É lá que a comunhão é desfrutada, e não de maneira mundana nem pela obstinada satisfação dos desejos da carne.

Comunhão totalmente restaurada, a seção termina, como a primeira, com o amoroso comando do Noivo de que ninguém deveria perturbar Sua noiva:

Conjuro-vos, ó filhas de Jerusalém, pelas gazelas e cervas do campo, [Por tudo o que é amável, e belo, e constante.] **que não acordeis, nem desperteis o amor, até que [ela]**[4] **o queira.**

Que possamos todos nós, enquanto estamos vivendo aqui embaixo neste mundo, mas não dele, ter nosso lar nos lugares celestiais, nos quais estamos assentados com Cristo. Enviados ao mundo para testemunhar de nosso Mestre, que sejamos sempre estrangeiros aqui, prontos a confessá-lo como o verdadeiro objeto de devoção da nossa alma.

Quão amáveis são os teus tabernáculos,
Senhor dos Exércitos! A minha alma suspira e desfalece
pelos átrios do Senhor; o meu coração e a
minha carne exultam pelo Deus vivo! Bem-aventurados os
que habitam em tua casa; louvam-te perpetuamente. Pois
um dia nos teus átrios vale mais que mil;
prefiro estar à porta da casa do meu Deus, a permanecer
nas tendas da perversidade. Porque o Senhor
Deus é sol e escudo; o Senhor dá graça e glória; nenhum
bem sonega aos que andam retamente.
Ó Senhor dos Exércitos, feliz o homem que em ti confia.

---

[4] O pronome aqui e em 8:4 deveria ser "ela" e não "este" ou "ele" como aparece na ARA e outras versões.

Cânticos dos cânticos 2:8-3:5
(Como tratado na Seção II)

- **Texto em negrito — é o Noivo que fala**
- *Texto em itálico — é a noiva que fala*
- Texto regular — são as filhas de Jerusalém que falam

2:8 *Ouço a voz do meu amado; ei-lo aí galgando os montes, pulando sobre os outeiros.*

2:9 *O meu amado é semelhante ao gamo ou ao filho da gazela; eis que está detrás da nossa parede, olhando pelas janelas, espreitando pelas grades.*

2:10 *O meu amado fala e me diz:* **Levanta-te, querida minha, formosa minha, e vem.**

2:11 **Porque eis que passou o inverno, cessou a chuva e se foi;**

2:12 **aparecem as flores na terra, chegou o tempo de cantarem as aves, e a voz da rola ouve-se em nossa terra.**

2:13 **A figueira começou a dar seus figos, e as vides em flor exalam o seu aroma; levanta-te, querida minha, formosa minha, e vem.**

2:14 **Pomba minha, que andas pelas fendas dos penhascos, no esconderijo das rochas escarpadas, mostra-me o rosto, faze-me ouvir a tua voz, porque a tua voz é doce, e o teu rosto, amável.**

2:15 **Apanhai-me as raposas, as raposinhas, que devastam os vinhedos, porque as nossas vinhas estão em flor.**

2:16 O meu amado é meu, e eu sou dele; ele apascenta o seu rebanho entre os lírios.

2:17 Antes que refresque o dia e fujam as sombras, volta, amado meu; faze-te semelhante ao gamo ou ao filho das gazelas sobre os montes escabrosos.

3:1 De noite, no meu leito, busquei o amado de minha alma, busquei-o e não o achei.

3:2 Levantar-me-ei, pois, e rodearei a cidade, pelas ruas e pelas praças; buscarei o amado da minha alma. Busquei-o e não o achei.

3:3 Encontraram-me os guardas, que rondavam pela cidade. Então, lhes perguntei: vistes o amado da minha alma?

3:4 Mal os deixei, encontrei logo o amado da minha alma; agarrei-me a ele e não o deixei ir embora, até que o fiz entrar em casa de minha mãe e na recâmara daquela que me concebeu.

3:5 **Conjuro-vos, ó filhas de Jerusalém, pelas gazelas e cervas do campo, que não acordeis, nem desperteis o amor, até que este** [Nota: O pronome aqui não deveria ser "este" como na ARA, nem "ele" como nas versões Contemporânea Revisada — Alfalit e Bíblia de Jerusalém, mas "ela"'.] **o queira.**

Seção III

A alegria da comunhão ininterrupta

Cântico dos cânticos 3:6–5:1

> *Ó Jesus, Rei maravilhoso,*
> *Tu, Vencedor renomado.*
> *Tua doçura é a mais inefável,*
> *Em Ti todas as alegrias são encontradas!*
> *Tu, Jesus, abençoa nossa voz;*
> *A Ti somente amemos;*
> *E sempre em nossa vida expressemos*
> *A Tua imagem.*

Nas Seções I e II, estivemos ocupados principalmente com as palavras e experiências da noiva; em acentuado contraste a isso, nesta seção, nossa atenção é primeiramente voltada ao Noivo, e é Dele que nós ouvimos sobre a noiva como o objeto do Seu amor e o prazer do Seu coração. Aqui, as filhas de Jerusalém são as primeiras a falar.

> Quem é esta que sobe do deserto, como colunas de fumo, perfumada de mirra, de incenso, e de toda sorte de pós aromáticos? (ARC)

E elas mesmas respondem:

> É a liteira de Salomão; sessenta valentes estão ao redor dela, dos valentes de Israel. Todos sabem manejar a espada e são destros na guerra; cada um leva a espada à cinta, por causa dos temores noturnos. O rei Salomão fez para si um palanquim de madeira do Líbano. Fez-lhe as colunas de prata, o estrado de

ouro, o assento de púrpura, o interior revestido com amor, pelas filhas de Jerusalém.

Nesses versículos a noiva não é mencionada; ela é ofuscada pelo esplendor e pela realeza de seu Noivo; todavia, ela está desfrutando e também compartilhando isso. O próprio ar está perfumado pela fumaça do incenso que ascende como uma coluna até às nuvens; e tudo aquilo que assegura a posição do Noivo, e proclama a Sua dignidade, estende-se também à noiva que o acompanha, aquela que compartilha a Sua glória. A liteira na qual eles se assentam é feita de madeira aromática do Líbano, e o ouro e a prata mais refinados foram esbanjados em sua construção. A madeira aromática tipifica a beleza da humanidade santificada, enquanto que o ouro nos lembra da glória divina de nosso Senhor, e a prata, a pureza e preciosidade da Sua redimida e incomparável Igreja. A púrpura imperial, com a qual a liteira é revestida, representa os gentios — "E a filha de Tiro *estará ali* com presentes" (Salmo 45:12 ARC); enquanto que os presentes de amor das filhas de Jerusalém concordam com a profecia "os mais ricos do povo te pedirão favores" (Salmo 45:12).

Essas são as coisas que atraem a atenção das filhas de Jerusalém, mas a noiva está ocupada com o próprio Rei e exclama:

Saí, ó filhas de Sião, e contemplai ao rei Salomão com a coroa com que sua mãe o coroou no dia do seu desposório, no dia do júbilo do seu coração.

O Rei coroado é tudo para ela, e ela gostaria que Ele assim o fosse para as filhas de Sião também. Ela se deleita na alegria do Seu coração no dia de Seu desposório, pois agora, ela não está mais envolvida com Ele para seu próprio proveito, mas ela regozija-se na alegria que Ele tem de encontrar nela a Sua satisfação. Será que temos cultivado suficientemente este desejo abnegado de ser tudo para Jesus e fazer tudo para o Seu deleite? Ou estamos conscientes de que vamos a Ele principalmente para o nosso próprio proveito, ou, no máximo, para o bem de nossos semelhantes? Quanta oração há que começa e termina com a criatura, esquecendo-se do privilégio que é alegrar o Criador! Porém, é somente quando Ele vê, em nosso amor desinteressado e em nossa devoção a Ele, o reflexo de Si mesmo, que Seu coração pode sentir satisfação plena, e derramar-se em preciosas palavras de amor tais como as que encontramos nos seguintes versículos:

Como és formosa, querida minha, como és formosa! Os teus olhos são como os das pombas e brilham através do teu véu. Os teus cabelos são como o rebanho de cabras que descem ondeantes do monte de Gileade. São os teus dentes como o rebanho das ovelhas recém-tosquiadas, que sobem do lavadouro, e das quais todas produzem gêmeos, e nenhuma delas há sem crias. Os teus lábios são como um fio de escarlata, e tua boca é formosa...
(Veja os versículos 3 a 5).

Nós já encontramos a explicação da noiva quanto a ela refletir como um espelho a beleza do Noivo. Que Ele com satisfação descreva a beleza dela, enquanto ela está assim ocupada com Ele! Os lábios que falam apenas Dele são como o fio de escarlate; a boca ou o falar que não tem palavras de si mesmo ou para si mesmo é formosa à Sua vista.

Nós podemos imaginar quão doces foram Suas palavras de apreciação e elogio à noiva; mas a alegria dela era profunda demais para ser expressada; ela estava silente em seu amor. Agora, ela não pensaria mais em despedir o Noivo "antes que o dia refresque e as sombras fujam".

Muito menos o Noivo pensaria em se alegrar sem a Sua noiva. Ele diz:

Antes que refresque o dia, e fujam as sombras, irei ao monte da mirra e ao outeiro do incenso.

Separação nunca vem de Sua parte. Ele está sempre pronto para comunhão com o coração preparado, e, nesta feliz comunhão, a noiva se torna sempre mais formosa e mais semelhante ao seu Senhor. Ela está sendo progressivamente transformada à Sua imagem, de um estágio de glória ao outro, através do maravilhoso agir do Espírito Santo, até que o Noivo possa declarar:

Tu és toda formosa, querida minha, e em ti não há defeito.

E agora, ela está *apta ao serviço*, e para isso o Noivo a deseja; ela não o representará mal:

Vem comigo do Líbano, noiva minha, vem comigo do Líbano; olha do cimo do Amana, do cimo do Senir e do Hermom, dos covis dos leões, dos montes dos leopardos.

"Vem comigo." É sempre assim. Se o nosso Salvador diz: "Ide, portanto, fazei discípulos de todas as nações", Ele já disse antes disso: "Toda autoridade me foi dada no céu e na terra" e prossegue dizendo: "E eis que estou convosco todos os dias." Ou se, como aqui Ele chama Sua noiva a vir, é ainda "comigo", e é *em relação a este convite de amor* que, pela primeira vez, Ele muda a palavra "minha querida" para uma ainda mais cativante: "Minha noiva".

O que são as covas dos leões quando o Leão da Tribo de Judá está conosco; ou os montes dos leopardos quando Ele está ao nosso lado! "Não temerei mal nenhum, porque Tu estás comigo". Por outro lado, é quando diante de perigos e labutando com Ele em serviço, que Ele diz:

Arrebataste-me o coração, minha irmã, noiva minha; arrebataste-me o coração com um só dos teus olhares, com uma só pérola do teu colar.

É maravilhoso como o coração do nosso Amado pode assim ser arrebatado pelo amor de alguém que está preparado para aceitar Seu convite e ir adiante com Ele, buscando resgatar os que estão perdidos! Se o coração do Noivo pode ser encorajado pela fidelidade e pelo terno companheirismo de Sua noiva, não é de admirar que possamos nos alegrar e encorajar uns aos outros em nosso serviço mútuo. Paulo teve uma íngreme montanha de dificuldades a escalar quando estava sendo levado cativo a Roma, sem saber o que o aguardava por lá, mas, quando os irmãos o encontraram na Praça de Ápio, ele deu graças a Deus e sentiu-se mais animado. Possamos nós sempre fortalecer mutuamente nossas mãos em Deus!

Continuando, o Noivo a encoraja diante das dificuldades naturais e dos caminhos íngremes e perigosos, com doces mensagens de Seu amor:

> **Que belo é o teu amor, minha irmã, noiva minha! Quanto melhor é o teu amor do que o vinho, e o aroma dos teus unguentos do que toda sorte de especiarias! Os teus lábios, noiva minha, destilam mel. Mel e leite se acham debaixo da tua língua, e a fragrância dos teus vestidos é como a do Líbano. Jardim fechado és tu, minha irmã, noiva minha, manancial recluso, fonte selada. Os teus renovos são um pomar de romãs, com frutos excelentes: a hena e o nardo; o nardo e o açafrão, o cálamo e o cinamomo, com toda a sorte de árvores de incenso, a mirra e o aloés, com todas as especiarias. És fonte dos jardins, poço de águas vivas, torrentes que correm do Líbano.**

Comprometida com o Noivo em buscar a salvação dos perdidos, as palavras de seus lábios são para Ele como mel e como favos de mel; e figuras e mais figuras expressam Sua satisfação e alegria. Ela é um jardim cheio de preciosos frutos e perfumes deliciosos, mas um jardim fechado; os frutos dela poderão abençoar a muitos, mas o jardim é para Ele somente; ela é uma fonte, mas é um manancial recluso, uma fonte selada. E ainda, de novo ela é uma fonte dos jardins, um poço de águas vivas, torrentes que correm do Líbano: ela leva fertilidade e refrigério seja por onde for, mas ainda é tudo por Ele e para Ele.

A noiva fala agora pela segunda vez nesta seção. Assim como suas primeiras palavras foram por Ele, elas nesse momento também são para Ele. Seu próprio "eu" não aparece em momento algum.

> *Levanta-te, vento norte, e vem tu, vento sul; assopra no meu jardim, para que se derramem os seus aromas. Ah! Venha o meu amado para o seu jardim, e coma os seus frutos excelentes!*

Ela está preparada para qualquer experiência: o vento norte e o vento sul podem assoprar sobre o seu jardim, se tão-somente as suas especiarias puderem exalar sua fragrância para deleitar o seu Senhor. Ele a chamou de Seu jardim, um pomar de romãs com frutos excelentes.

A isso o Noivo responde:

Já entrei no meu jardim, minha irmã, noiva minha; colhi a minha mirra com a especiaria, comi o meu favo com o mel, bebi o meu vinho com o leite.

Agora, quando ela chama, Ele responde imediatamente. Quando ela é somente para o seu Senhor, Ele a assegura de que encontra nela toda a Sua satisfação.

A seção termina com o convite da noiva aos amigos Dele e dela, bem como ao próprio Noivo:

Comei e bebei, amigos; bebei fartamente, ó amados.

A consagração absoluta ao nosso Mestre, longe de enfraquecer nosso poder para compartilhar o evangelho, tanto aumenta nosso poder como nossa alegria em ministrar. Os cinco pães e os dois peixes dos discípulos, primeiramente ofertados ao Senhor e abençoados por Ele, foram suprimento abundante para as multidões carentes, e, no ato da distribuição, multiplicaram-se até haver uma reserva de 12 cestos cheios de pedaços, que sobraram após todos terem sido plenamente satisfeitos.

Nós temos, então, nesta linda seção, como já vimos, uma figura de comunhão ininterrupta e seus deliciosos resultados. Que as nossas vidas também sejam assim! Primeiramente, um com o Rei, e então, falando do Rei; a alegria da comunhão levando ao companheirismo em serviço, a ser tudo para Jesus, pronto para qualquer experiência que nos preparará para serviços futuros, renunciando a tudo por Ele e desejando ministrar tudo a Ele. Não há nenhum lugar para o amor ao mundo aqui, pois a união com Cristo preencheu o coração; não restou espaço algum para as gratificações mundanas, pois tudo foi selado e guardado para o uso do Mestre.

Jesus, minha vida é Tua!
E eternamente será
Oculta em Ti.
Pois nada pode desentrelaçar
Tua vida da minha.

Cântico dos cânticos 3:6–5:1
(Como tratado na Seção III)

- **Texto em negrito — é o Noivo que fala**
- *Texto em itálico — é a noiva que fala*
- Texto regular — são as filhas de Jerusalém que falam

3:6 Que é isso que sobe do deserto, como colunas de fumaça, perfumado de mirra, e de incenso, e de toda sorte de pós aromáticos do mercador?

3:7 É a liteira de Salomão; sessenta valentes estão ao redor dela, dos valentes de Israel.

3:8 Todos sabem manejar a espada e são destros na guerra; cada um leva a espada à cinta, por causa dos temores noturnos.

3:9 O rei Salomão fez para si um palanquim de madeira do Líbano.

3:10 Fez-lhe as colunas de prata, a espalda de ouro, o assento de púrpura, e tudo interiormente ornado com amor pelas filhas de Jerusalém.

3:11 *Saí, ó filhas de Sião, e contemplai ao rei Salomão com a coroa com que sua mãe o coroou no dia do seu desposório, no dia do júbilo do seu coração.*

4:1 **Como és formosa, querida minha, como és formosa! Os teus olhos são como os das pombas e brilham através do teu véu. Os teus cabelos são como o rebanho de cabras que descem ondeantes do monte de Gileade.**

4:2 São os teus dentes como o rebanho das ovelhas recém-tosquiadas, que sobem do lavadouro, e das quais todas produzem gêmeos, e nenhuma delas há sem crias.

4:3 Os teus lábios são como um fio de escarlata, e tua boca é formosa; as tuas faces, como romã partida, brilham através do véu.

4:4 O teu pescoço é como a torre de Davi, edificada para arsenal; mil escudos pendem dela, todos broquéis de soldados valorosos.

4:5 Os teus dois seios são como duas crias, gêmeas de uma gazela, que se apascentam entre os lírios.

4:6 *Antes que refresque o dia, e fujam as sombras, irei ao monte da mirra e ao outeiro do incenso.*

4:7 Tu és toda formosa, querida minha, e em ti não há defeito.

4:8 Vem comigo do Líbano, noiva minha, vem comigo do Líbano; olha do cimo do Amana, do cimo do Senir e do Hermom, dos covis dos leões, dos montes dos leopardos.

4:9 Arrebataste-me o coração, minha irmã, noiva minha; arrebataste-me o coração com um só dos teus olhares, com uma só pérola do teu colar.

4:10 Que belo é o teu amor, ó minha irmã, noiva minha! Quanto melhor é o teu amor do que o vinho, e o aroma dos teus unguentos do que toda sorte de especiarias!

4:11 Os teus lábios, noiva minha, destilam mel. Mel e leite se acham debaixo da tua língua, e a fragrância dos teus vestidos é como a do Líbano.

4:12 **Jardim fechado és tu, minha irmã, noiva minha, manancial recluso, fonte selada.**
4:13 **Os teus renovos são um pomar de romãs, com frutos excelentes: a hena e o nardo;**
4:14 **o nardo e o açafrão, o cálamo e o cinamomo, com toda a sorte de árvores de incenso, a mirra e o aloés, com todas as principais especiarias.**
4:15 **És fonte dos jardins, poço das águas vivas, torrentes que correm do Líbano!**
4:16 *Levanta-te, vento norte, e vem tu, vento sul; assopra no meu jardim, para que se derramem os seus aromas. Ah! Venha o meu amado para o seu jardim e coma os seus frutos excelentes!*
5:1 **Já entrei no meu jardim, minha irmã, noiva minha; colhi a minha mirra com a especiaria, comi o meu favo com o mel, bebi o meu vinho com o leite.** *Comei e bebei, amigos; bebei fartamente, ó amados.*

Seção IV

∞

Comunhão novamente interrompida
– Restauração

Cântico dos cânticos 5:2–6:10

A quarta seção começa com um discurso da noiva às filhas de Jerusalém, na qual ela narra sua recente e triste experiência e suplica a ajuda delas em seu problema. Ela perdeu, novamente, a presença e o conforto de seu Noivo; porém, desta vez, isso não se deu por causa de uma recaída à vida mundana, mas em razão de comodismo e preguiça.

Não nos é dito sobre os passos que a levaram ao fracasso, sobre como o seu ego encontrou novamente lugar em seu coração. Talvez a causa que tenha levado à separação tenha sido orgulho espiritual quanto às realizações para as quais a graça a capacitou, ou, muito provavelmente, uma apreciação especial pela **bênção** que ela recebeu, e não pelo **Abençoador**. Ela parece ter ficado totalmente inconsciente da sua queda; ocupada e satisfeita consigo mesma, praticamente não percebeu a ausência Dele; ela descansava, mas sozinha, nunca perguntando aonde Ele teria ido ou com o que estava ocupado. E mais do que isso, a porta de seu aposento não estava apenas fechada, mas trancada; uma evidência de que o retorno Dele não era nem muito desejado, nem tampouco esperado.

Apesar do coração dela não estar tão distante Dele, havia uma canção em Sua voz que despertou ecos em sua alma, como nenhuma outra voz poderia ter provocado. Ela ainda era "um jardim fechado, uma fonte selada", no que diz respeito ao mundo. A armadilha dessa vez era mais perigosa e traiçoeira, porque era praticamente desconhecida. Vejamos a narrativa dela:

Eu dormia, mas o meu coração velava; eis a voz do meu amado, que está batendo: **Abre-me, minha irmã, querida minha, pomba minha, imaculada minha,**

porque a minha cabeça está cheia de orvalho, os meus cabelos, das gotas da noite.

Quão frequentemente a posição do Noivo é a de um pretendente que bate do lado de fora, como em Sua epístola à igreja em Laodiceia[5]: "Eis que estou à porta e bato; se alguém ouvir a minha voz e abrir a porta, entrarei em sua casa e cearei com ele, e ele, comigo." É triste que Ele estivesse do lado de fora de uma porta fechada — que Ele tivesse de bater; porém, mais triste ainda que Ele batesse e batesse em vão à porta de qualquer coração que já tivesse um dia se tornado Seu. Nesse caso, não é a posição da noiva que está errada; se o fosse, Sua palavra, como antes, seria: "Abre-me, minha irmã, querida minha." Foi a condição dela de satisfação consigo mesma e comodismo que fechou a porta.

Muito tocantes são as palavras Dele: "Abre-me, minha irmã" (Ele é o primogênito entre muitos irmãos), "Minha querida" (o objeto de devoção do Meu coração), "Minha pomba" (aquela que foi adornada com muitos dons e graças do Espírito Santo), "Minha imaculada" (limpa, renovada, e purificada para Mim); e Ele a apressa a abrir por causa de Sua condição:

...porque a minha cabeça está cheia de orvalho, os meus cabelos, das gotas da noite.

---

[5] A *Igreja da Opinião Popular*, como citada pelo Rev. Charles Fox em um discurso em Keswick, assim como a Igreja de Filadélfia, é a *Igreja do Amor Fraternal*.

Por que a Sua cabeça está cheia de orvalho? Porque o Seu coração é um coração de pastor. Há aqueles a quem o Pai deu a Ele e que estão errantes nas escuras montanhas do pecado: muitos, ó, quantos, nunca ouviram a voz do Pastor; muitos também que já estiveram no aprisco, mas se afastaram errantes, para bem longe de seu refúgio. O coração que não pode nunca esquecer tem de buscar as ovelhas errantes até que a última perdida seja encontrada: "Meu Pai trabalha até agora, e eu trabalho também." E será que ela, que recentemente estava a Seu lado, que com muita alegria enfrentou os covis dos leões e os montes dos leopardos, vai deixá-lo buscar sozinho as ovelhas errantes e perdidas?

Abre-me, minha irmã, querida minha, pomba minha, imaculada minha, porque a minha cabeça está cheia de orvalho, os meus cabelos, das gotas da noite.

Nós não conhecemos uma súplica mais tocante na Palavra de Deus, e mais triste ainda é a resposta da noiva:

Já despi a minha túnica, hei de vesti-la outra vez? Já lavei os meus pés, tornarei a sujá-los?

Quão triste é que se possa ter desfrute em conferências e convenções, banquetear-se em todas as boas coisas que nos são oferecidas, e ainda não estar preparado para deixar tudo isso, e com empenho negar a si mesmo para ir e resgatar os perdidos; ter prazer no descanso da fé, enquanto esquecido de combater o bom combate; permanecer sobre a pureza e santificação efetuadas pela fé, mas ter pouca consideração para com as pobres almas que estão em sofrimento na lama do pecado. Se nós pudermos "tirar os nossos vestidos" quando Ele gostaria que estivéssemos vestidos; se nós pudermos lavar os nossos pés, enquanto Ele está sozinho galgando as montanhas, não seria isso uma triste falta de comunhão e unidade com o nosso Senhor?

Não encontrando nenhuma resposta por parte da tardia noiva, Seu Amado meteu a mão por uma fresta, e o coração dela se comoveu por amor Dele (Cântico dos cânticos 5:4).

Mas, meu Deus, a porta não estava apenas fechada, mas trancada; e o esforço Dele para garantir uma entrada foi em vão:

Levantei-me para abrir ao meu amado; as minhas mãos destilavam mirra, e os meus dedos mirra preciosa sobre a maçaneta do ferrolho. Abri ao meu amado, mas já ele se retirara e tinha ido embora; a minha alma se derreteu quando, antes, ele me falou.

Quando já era tarde demais, a noiva se levantou; ela parecia estar mais interessada em ungir suas mãos com mirra líquida do que em rapidamente receber seu Senhor que esperava; mais ocupada com suas próprias graças do que com o desejo Dele. Nenhuma palavra de boas-vindas foi falada, apesar de sua alma ter se derretido; e o Ofendido se retirou antes que ela estivesse pronta para recebê-lo. Novamente (como no capítulo três), ela teve de sair sozinha para buscar o seu Senhor; e dessa vez suas experiências foram muito mais dolorosas do que na ocasião anterior.

...busquei-o e não o achei; chamei-o, e não me respondeu. Encontraram-me os guardas que rondavam pela cidade; espancaram-me e feriram-me; tiraram-me o manto os guardas dos muros.

A primeira recaída dela foi por inexperiência. Se uma segunda recaída veio a acontecer por descuido, ela deveria, pelo menos, ter estado preparada e pronta quando intimada a obedecer. Não é algo sem importância habituar-se a ser tardio em obedecer, mesmo no caso de um crente; no caso de um não-crente, o resultado final da desobediência é algo terrível:

*Atentai para a minha repreensão;
eis que derramarei copiosamente para vós outros o meu
espírito e vos farei saber as minhas palavras. Mas,
porque clamei, e vós recusastes; porque estendi a mão,
e não houve quem atendesse; antes, rejeitastes todo o
meu conselho e não quisestes a minha repreensão;
também eu me rirei na vossa desventura, e, em vindo o
vosso terror, eu zombarei [...]. Então, me invocarão,
mas eu não responderei; procurar-me-ão,
porém não me hão de achar.*

O desvio da noiva, apesar de doloroso, não foi definitivo, pois foi seguido de arrependimento verdadeiro. Ela saiu adiante na escuridão, e buscou pelo Noivo; ela chamou, mas Ele não respondeu, e os guardas a encontraram, mas espancaram-na e feriram-na. Parece que eles avaliaram com mais exatidão a gravidade do desvio dela do que ela mesma. Os crentes podem estar cegos às suas próprias fraquezas; outros, entretanto, podem percebê-las, e quanto mais elevada for a posição em relação ao Senhor, mais certamente qualquer falha será tratada com reprovação.

Ferida, desonrada, fracassada em sua busca, e quase em desespero, a noiva se volta às filhas de Jerusalém e, narrando a história de suas tristezas, conjura-as a dizer ao seu Amado que ela não é infiel ou desatenciosa com Ele.

Conjuro-vos, ó filhas de Jerusalém, se encontrardes o meu Amado, que lhe direis? Que desfaleço de amor.

A resposta das filhas de Jerusalém mostra claramente que a noiva sofrida, vagando na escuridão, não é reconhecida como a noiva do Rei, apesar de sua beleza pessoal não passar despercebida.

Que é o teu amado mais do que outro amado, ó tu, a mais formosa entre as mulheres? Que é o teu amado mais do que outro amado, que tanto nos conjuras?

Essa questão de que o Amado dela não seria melhor do que qualquer outro moveu-a no mais profundo de sua alma; e, esquecendo de si mesma, ela derramou, da plenitude de seu coração, uma descrição da glória e da beleza de seu Senhor capaz de arrebatar as almas.

O meu amado é alvo e rosado, o mais distinguido entre dez mil.
(Veja os versículos 10 a 16, concluindo com)
O seu falar é muitíssimo doce; sim, Ele é totalmente

desejável. Tal é o meu Amado, tal o meu esposo, ó filhas de Jerusalém.

É interessante comparar a descrição que a noiva fez do Noivo com a descrição do Ancião de Dias em Daniel 7:9,10, e a do nosso Senhor ascendido, em Apocalipse 1:13-16. As diferenças são muito peculiares.

Em Daniel 7, nós vemos o Ancião de Dias sentado no trono do julgamento; Sua veste era branca como a neve, e os cabelos da cabeça como a pura lã; o Seu trono eram chamas de fogo, e suas rodas eram fogo ardente, e um rio de fogo manava e saía de diante Dele. O Filho do Homem foi trazido até Ele, e foi-lhe dado domínio, e glória, e o reino eterno que jamais será destruído. Em Apocalipse 1 nós vemos o Filho do Homem vestido em vestes talares, e a Sua cabeça e cabelos eram brancos como alva lã, como neve; mas a noiva vê o seu Noivo em todo o vigor da juventude, com cachos de cabelos "pretos como o corvo". Os olhos do Salvador ascendido são descritos como "chamas de fogo", mas Sua noiva os vê como "os das pombas junto às correntes das águas". Em Apocalipse sua "voz, como voz de muitas águas e da boca saía-lhe uma afiada espada de dois gumes". Para a noiva, Seus lábios são como lírios que gotejam mirra preciosa, e o Seu falar é muitíssimo doce. O rosto do Salvador ascendido "brilhava como o sol na sua força" e o efeito da visão em João: "Quando o vi, caí a seus pés como morto", não foi diferente da visão de Saulo, quando estava próximo a Damasco. Mas, para Sua noiva, "o seu aspecto é como o Líbano, esbelto como os cedros". O Leão da tribo de Judá é para Sua própria noiva o Rei de amor; e, com o coração repleto e a face radiante, ela fala de Suas belezas de tal maneira que as filhas de Jerusalém são capturadas por um forte desejo de buscá-lo com ela, para que elas também possam ver Sua beleza.

> Para onde foi o teu amado, ó mais formosa entre as mulheres? Que rumo tomou o teu amado? E o buscaremos contigo.

A noiva responde:

O meu amado desceu ao seu jardim, aos canteiros de bálsamo, para pastorear nos jardins e para colher os lírios. Eu sou do meu amado, e o meu amado é meu; ele pastoreia entre os lírios.

Abandonada e solitária como parece estar, ela ainda se reconhece como o objeto da afeição Dele e O reclama como Seu. Esta expressão "Eu sou do meu amado e o meu amado é meu" é semelhante à encontrada no segundo capítulo, "O meu amado é meu e eu sou dele", porém, com uma diferença digna de nota: ali o seu primeiro pensamento em relação a Cristo era o seu direito sobre Ele; o direito Dele sobre ela era secundário. Agora, ela pensa primeiramente no direito Dele, e somente depois no dela. Nós vemos um desenvolvimento mais avançado da graça no versículo 10 do capítulo 7, onde a noiva, esquecendo-se totalmente de seu interesse, diz:

Eu sou do meu amado, e ele tem saudades de mim.

Tão logo ela pronunciou estas palavras e reconheceu a si mesma como possessão de direito Dele — um direito que ela repudiou quando o manteve do lado de fora das grades —, o Noivo aparece e, sem nenhuma palavra de censura, mas com doçura, diz a ela quão bela ela é aos Seus olhos e a louva perante as filhas de Jerusalém.

A ela, Ele diz:

Formosa és, querida minha, como Tirza [a linda cidade de Samaria], **aprazível como Jerusalém** [a gloriosa cidade do grande rei] **formidável como um exército com bandeiras. Desvia de mim os olhos, porque eles me perturbam.**
(Veja os versículos 4 a 7 — Acréscimo adicionado.)

Então, voltando-se às filhas de Jerusalém, Ele exclama:

Sessenta são as rainhas, oitenta, as concubinas, e as virgens, sem número. Mas uma só é a minha pomba, a minha imaculada, de sua mãe, a única, a predileta daquela que a deu à luz; viram-na as donzelas e lhe chamaram ditosa; viram-na as rainhas e as concubinas e a louvaram.

Quem é esta que aparece como a alva do dia, formosa como a lua, pura como o sol, formidável como um exército com bandeiras?

Assim a seção termina com a comunhão totalmente restaurada. A noiva está novamente em sua posição, e publicamente reconhecida pelo Noivo como Sua amiga e companheira inigualável. A dolorosa experiência pela qual a noiva passou foi compensada com duradouro bem, e não temos mais indicação de interrupção em sua comunhão, mas, nas seções que se seguem, somente alegria e muitos frutos.

Cântico dos cânticos 5:2–6:10
(Como tratado na Seção IV)

- **Texto em negrito — é o Noivo que fala**
- *Texto em itálico — é a noiva que fala*
- Texto regular — são as filhas de Jerusalém que falam

5:2 *Eu dormia, mas o meu coração velava; eis a voz do meu amado, que está batendo:* **Abre-me, minha irmã, querida minha, pomba minha, imaculada minha, porque a minha cabeça está cheia de orvalho, os meus cabelos, das gotas da noite.**

5:3 *Já despi a minha túnica, hei de vesti-la outra vez? Já lavei os pés, tornarei a sujá-los?*

5:4 *O meu amado meteu a mão por uma fresta, e o meu coração se comoveu por amor dele.*

5:5 *Levantei-me para abrir ao meu amado; as minhas mãos destilavam mirra, e os meus dedos mirra preciosa sobre a maçaneta do ferrolho.*

5:6 *Abri ao meu amado, mas já ele se retirara e tinha ido embora; a minha alma se derreteu quando, antes, ele me falou; busquei-o e não o achei; chamei-o, e não me respondeu.*

5:7 *Encontraram-me os guardas que rondavam pela cidade; espancaram-me e feriram-me; tiraram-me o manto os guardas dos muros.*

5:8 *Conjuro-vos, ó filhas de Jerusalém, se encontrardes o meu amado, que lhe direis? Que desfaleço de amor.*

5:9 Que é o teu amado mais do que outro amado, ó tu, a mais formosa entre as mulheres? Que é o teu amado mais do que outro amado, que tanto nos conjuras?

5:10 *O meu amado é alvo e rosado, o mais distinguido entre dez mil.*

5:11 *A sua cabeça é como o ouro mais apurado, os seus cabelos, cachos de palmeira, são pretos como o corvo.*

5:12 *Os seus olhos são como os das pombas junto às correntes das águas, lavados em leite, postos em engaste.*

5:13 *As suas faces são como um canteiro de bálsamo, como colinas de ervas aromáticas; os seus lábios são lírios que gotejam mirra preciosa;*

5:14 *as suas mãos, cilindros de ouro, embutidos de jacintos; o seu ventre, como alvo marfim, coberto de safiras.*

5:15 *As suas pernas, colunas de mármore, assentadas em bases de ouro puro;*
o seu aspecto, como o Líbano, esbelto como os cedros.

5:16 *O seu falar é muitíssimo doce; sim, ele é totalmente desejável. Tal é o meu amado, tal, o meu esposo, ó filhas de Jerusalém.*

6:1 Para onde foi o teu amado, ó mais formosa entre as mulheres? Que rumo tomou o teu amado? E o buscaremos contigo.

6:2 *O meu amado desceu ao seu jardim, aos canteiros de bálsamo, para pastorear nos jardins e para colher os lírios.*

6:3 *Eu sou do meu amado, e o meu amado é meu; ele pastoreia entre os lírios.*

6:4 **[Para ela, Ele diz:] Formosa és, querida minha, como Tirza, aprazível como Jerusalém, formidável como um exército com bandeiras.**

6:5 **Desvia de mim os olhos, porque eles me perturbam. Os teus cabelos descem ondeantes como o rebanho das cabras de Gileade.**

6:6 **São os teus dentes como o rebanho de ovelhas que sobem do lavadouro, e das quais todas produzem gêmeos, e nenhuma delas há sem crias.**

6:7 **[Então, voltando-se às filhas de Jerusalém, Ele exclama:] As tuas faces, como romã partida, brilham através do véu.**

6:8 **Sessenta são as rainhas, oitenta, as concubinas, e as virgens, sem número.**

6:9 **Mas uma só é a minha pomba, a minha imaculada, de sua mãe, a única, a predileta daquela que a deu à luz; viram-na as donzelas e lhe chamaram ditosa; viram-na as rainhas e as concubinas e a louvaram.**

6:10 **Quem é esta que aparece como a alva do dia, formosa como a lua, pura como o sol, formidável como um exército com bandeiras?**

Seção V

Frutos da reconhecida união

Cântico dos cânticos 6:11–8:4

Na segunda e na quarta seção deste livro, nós vimos a comunhão da noiva interrompida; primeiramente, por ela ter se desviado em envolvimentos com o mundo, e depois por comodismo e satisfação consigo mesma. Na presente seção, como na terceira, a comunhão é mantida sem interrupções. Ela começa com as palavras da noiva:

Desci ao jardim das nogueiras, para mirar os renovos do vale, para ver se brotavam as vides, se floresciam as romeiras. Não sei como, imaginei-me no carro do meu nobre povo!

Como no começo da Seção III, a noiva estava presente, em contínua comunhão com seu Senhor, apesar de isso não ser mencionado, até que, ao falar às filhas de Sião, sua presença se tornou evidente; e, portanto, nesta seção, a presença do Rei não é notada até que Ele mesmo fale à Sua noiva. Mas ela é uma com o seu Senhor ao se envolver em Seu serviço! A promessa Dele: "Eis que estou convosco todos os dias" sempre se cumpre para ela; e Ele não precisa mais cortejá-la para que ela se levante e venha, nem dizer "a minha cabeça está cheia de orvalho, os meus cabelos, das gotas da noite", ou mesmo constrangê-la a alimentar Suas ovelhas e apascentar seus cordeiros, se ela o amar. Sendo ela o Seu jardim, ela não se esquece de zelar por ele, nem cuida das vinhas de outros enquanto a sua é negligenciada. Com Ele, bem como para Ele, ela desce ao jardim das nogueiras. Tão completa é a união entre eles que muitos estudiosos tiveram dificuldade em decidir se era a noiva ou o Noivo que estava falando, e realmente isso não é algo importante; pois, como já dissemos, ambos estavam ali e eram de uma só mente — apesar de crermos que estamos certos ao dizer que essas palavras se referem à noiva, tanto por ser para ela que as filhas de Jerusalém falaram como por ter sido ela que as respondeu.

A noiva e o Noivo parecem ter sido descobertos pelo seu nobre povo, enquanto envolvidos na alegre comunhão em serviço, e a noiva, sem saber como, achou-se sentada no carro de *seu* povo — seu povo como também povo *Dele*.

As filhas de Jerusalém de bom grado a chamariam de volta:

Volta, volta, ó sulamita, volta, volta, para que nós te contemplemos.

Não se pergunta mais agora por quem ela é, nem por que o Amado dela é melhor do que qualquer outro amado; Ele é reconhecido como o rei Salomão, e o nome Dele é dado a ela, em sua forma feminina (Sulamita).

Alguns viram nestas palavras: "Volta, volta", uma indicação do arrebatamento da Igreja, e explicam algumas partes do contexto subsequente, que parece inconsistente com essa visão, como presumível em vez de progressivo. Apesar de interessante esse pensamento, bem como ele explicaria a ausência de *referência* ao Rei nos versículos anteriores, nós não tendemos a aceitá-lo; mas veja o poema inteiro como progressivo, e as suas últimas palavras como equivalentes às palavras finais do livro de Apocalipse, "Certamente, venho sem demora. Amém! Vem, Senhor Jesus". Portanto, nós não vemos a saída da noiva do seu jardim de outra forma que não seja a temporária.

A noiva responde às filhas de Jerusalém:

Por que quereis contemplar a sulamita?

ou, como na Bíblia de Jerusalém,

Que olhais na sulamita?

Na presença do Rei, ela não pode conceber porque qualquer atenção seria dada a ela. Como, ao descer do monte, Moisés não estava consciente de que sua face brilhava com a glória divina, assim era aqui com a noiva. Mas nós devemos aprender esta importante lição de que muitos que não veem a beleza do Senhor não deixarão de admirar a beleza Dele refletida em Sua noiva. O ávido olhar das filhas de Jerusalém surpreendeu a noiva, e ela diz: "Vocês deveriam estar olhando para a dança de Maanaim" — a dança das duas companhias das mais formosas filhas de Israel — "ao invés de olhar para quem não merece atenção", apesar de ser ela a noiva escolhida do glorioso Rei, mesmo não sendo digna.

As filhas de Jerusalém não tiveram nenhuma dificuldade em respondê-la, e, reconhecendo ser ela de nobre nascimento — "Ó filha do príncipe" — bem como de dignidade real, elas descrevem em verdadeira linguagem oriental as belezas inumeráveis de sua pessoa e, dos seus pés à sua cabeça, veem apenas beleza e perfeição. Que contraste com o estado natural dela! Antes "desde a planta do pé até à cabeça" era "senão feridas, contusões e chagas inflamadas", agora os pés dela estão "calçados com a preparação do evangelho da paz" e o próprio cabelo da cabeça mostra ser ela um Nazireu de fato; o próprio Rei "está preso nas tuas tranças".

Mas Alguém, mais para ela do que para as filhas de Jerusalém, responde à pergunta impassível dela: "Por que quereis contemplar a Sulamita?". O próprio Noivo responde a isso:

Quão formosa e quão aprazível és, ó amor em delícias!

Ele vê nela a beleza e a fecundidade da alta e reta palmeira, da graciosa vinha, da fragrante e duradoura macieira. A graça a fez como a palmeira, o símbolo de retidão e fecundidade. O fruto da tamareira é mais valioso que o pão para o viajante oriental, tal é o seu poder nutritivo; e a capacidade da árvore de produzir frutos não se acaba, mas, à medida que a idade avança, o fruto torna-se mais perfeito e também mais abundante.

O justo florescerá como a palmeira, crescerá como o cedro no Líbano. Plantados na Casa do S<small>ENHOR</small>, *florescerão nos átrios do nosso Deus. Na velhice darão ainda frutos, Serão cheios de seiva e verdor.*

Mas por que os justos se tornam tão retos e florescentes?

...para anunciar que o S<small>ENHOR</small> *é reto.*
Ele é a minha rocha, e nele não há injustiça.

Ao sermos um com nosso Senhor, pertence a nós: anunciar Sua graça e suas virtudes, refletir Sua beleza, ser Suas fiéis testemunhas.

A palmeira é também um símbolo de vitória; sua bela coroa cresce em direção ao céu, sem temer o calor do sol sufocante, nem os ventos quentes e escaldantes do deserto. Por causa de sua beleza, ela era um dos ornamentos dos templos de Salomão e de Ezequiel. Quando nosso Salvador foi recebido em Jerusalém como o Rei de Israel, as pessoas tomaram folhas de palmeira e foram recepcioná-lo, assim como nos gloriosos dias de Seu desposório, "grande multidão que ninguém podia enumerar, de todas as nações, tribos, povos e línguas, em pé diante do trono e diante do Cordeiro, vestidos de vestiduras brancas, com palmas nas mãos; e clamavam em grande voz, dizendo: Ao nosso Deus, que se assenta no trono, e ao Cordeiro, pertence a salvação".

Mas, se ela se parece com a palmeira, ela também se parece com a vinha. Ela precisa muito da poda do Agricultor, e ela responde muito bem ao tratamento. Permanecendo em Cristo, a verdadeira fonte da fertilidade, ela produz cachos de uvas, saborosos e refrescantes, que também sustentam, como o fruto da palmeira — saborosos e refrescantes para Ele, o dono da vinha, bem como para o cansado e sedento mundo, no qual Ele a colocou.

A vinha tem suas próprias e sugestivas lições: ela precisa e busca sustento; a faca afiada que a poda frequentemente corta fora todas as flores e estraga a sua aparência, enquanto aumenta sua fecundidade. Com muita beleza foi escrito:

A Vinha viva, Cristo a escolheu para Si;
Deus deu ao homem para seu uso e sustento:
Trigo, vinho e azeite, e tudo isso é bom.
E Cristo é o Pão da vida e a Luz da vida.
Porém, Ele não escolheu o trigo do verão, que

de uma vez cresce e floresce,
e passa rapidamente e já não floresce mais;
Nem ainda a oliveira,
cujos ramos estão espalhados no ar,
e nunca perdem uma folha,
Florescendo e frutificando em paz perpétua;
Mas somente isto, pois para Ele e Dele é:
A eterna, sempre crescente Vinha,
Que com seu próprio sangue,
continuamente renovado e derramado,
Provê calor e ardente amor ao mundo.

A Vinha poreja vinho por todos os ramos vivos:
Estaria ela mais pobre por ter derramado do espírito?
Os bêbados e os abastados bebem disso,
Estariam eles mais ricos por causa dessa abundância?
Nossa vida não é medida pelo ganho,
mas pelo que perdemos;
Não é quanto vinho bebemos,
mas quanto derramamos,
pois a força do amor permanece para sempre
nos sacrifícios que fazemos;
E aquele que mais sofreu, mais tem para dar.

Ainda mais uma figura é usada pelo Noivo: "O aroma da tua respiração [é] como o das maçãs" ou cidra. Na primeira seção, a noiva exclama:

Qual macieira entre as árvores do bosque, tal é o meu amado entre os jovens; desejo muito a sua sombra *e debaixo dela me assento, e o seu fruto é doce ao meu paladar.*

Aqui nós encontramos o resultado dessa comunhão. As macieiras das quais ela se alimentou perfumaram a sua respiração e deram a ela o seu delicioso aroma. O Noivo termina a Sua descrição:

E o teu paladar como o bom vinho para a minha amada[6], que se bebe suavemente,

interpõe a noiva,

...e faz com que falem os lábios dos que dormem. (ARC)

Quão maravilhosa a graça que fez com que a noiva de Cristo se tornasse tudo isso para o Seu Amado! Reta como a palmeira, vitoriosa e dando cada vez mais frutos, à medida que cresce para o céu; dócil e delicada como a Vinha, esquecendo-se de si mesma e se sacrificando, não apenas dando frutos a despeito da adversidade, mas dando os seus mais ricos frutos nessas situações; deleitando-se em seu Amado, descansando sob a sombra Dele, e assim compartilhando de Sua fragrância — o que a graça fez por ela! E qual não é a alegria dela em encontrar, sempre mais intensamente, a satisfação do Noivo glorioso na humilde flor agreste que Ele transformou em Sua noiva, embelezando-a com Suas virtudes e graças!

---

[6]Nota do tradutor: Uma vez que é o noivo que fala aqui, somos obrigados a traduzir para "a minha amada", apesar de encontrarmos "o meu amado" nas versões em português.

Eu sou do meu amado, e ele tem saudades de mim.

Ela exclama alegremente. Agora é nada de si ou para si, mas tudo "de Ti e para Ti". E se esses são os doces frutos de descer aos jardins das nogueiras, e de cuidar de Seu jardim com Ele, ela não precisará ser constrangida a continuar nesse abençoado serviço.

Vem, ó meu amado, saiamos ao campo, passemos as noites nas aldeias.

Ela não se envergonha de sua origem humilde, pois ela não teme vergonha alguma: o perfeito amor lança fora o medo. O status do Rei, com sua pompa e majestade, pode ser desfrutado mais e mais. Agora, mais docemente, com Ele a seu lado fazendo o jardim frutífero, ela pode dar a Ele toda sorte de preciosos frutos, novos e velhos, que ela guardou para Ele, e melhor que tudo ainda, satisfazê-lo com o seu próprio amor. Ela não apenas está satisfeita com essa comunhão de serviço, mas de bom grado ela desejaria que não houvesse obrigações nem continências a requestar a atenção Dele, para que nada diminuísse a alegria de Sua presença.

Tomara fosses como meu irmão, que mamou os seios de minha mãe! Quando te encontrasse na rua, beijar-te-ia, e não me desprezariam.

Ela desejaria estar voltada para Ele e requerer a Sua total atenção, como uma irmã se importa com um irmão. Ela está profundamente consciente de que Ele a dotou ricamente, e que ela é nada comparada a Ele; mas, em vez de se gloriar pelo que ela fez por meio Dele, ela gostaria muito de ser a doadora e que Ele fosse quem recebe. Longe disso está o pensamento relutante, que deve ofender tanto o coração do Senhor: "Eu não acho que Deus requer isso de mim" ou "Será que eu vou ter de desistir disso para ser um cristão?". Ao contrário, a verdadeira devoção leva a pedir para dar e considera como desprezível tudo o que deve ser abandonado para o interesse do Senhor. "Sim, deveras considero tudo como perda, por causa da sublimidade do conhecimento de Cristo Jesus, meu Senhor".

Esse desejo intenso de ser ainda mais devotada a Ele, entretanto, não a faz perder de vista o fato de que ela precisa da direção Dele, e que Ele é o único e verdadeiro Instrutor dela.

> *Levar-te-ia e te introduziria na casa de minha mãe, e tu me ensinarias, eu te daria a beber vinho aromático e mosto das minhas romãs.*

Eu daria a Ti o melhor de mim, e ainda buscaria todo o meu descanso e satisfação em Ti.

> *A sua mão esquerda estaria debaixo da minha cabeça, e a sua direita me abraçaria.*

E assim a seção termina. Não há nada mais doce para o Noivo, e também para a noiva, do que essa comunhão sagrada e sem nenhum impedimento. E, novamente, Ele conjura as filhas de Jerusalém:

Não acordeis, nem desperteis o amor, até que [ela][7] o queira.

Sagrada comunhão realmente! Possamos nós sempre desfrutá-la e, permanecendo em Cristo, nós poderemos cantar, nas palavras do hino tão conhecido:

Ambos os Teus braços estão me abraçando,
E minha cabeça está no Teu peito;
E minha exaurida alma encontrou em Ti
Um perfeito descanso!
Bendito Jesus,
Agora eu sei que sou abençoado...

---

[7] O pronome aqui deveria ser "ela" e não "este" ou "ele" como aparece na ARA e outras versões.

Cântico dos cânticos 6:11-8:4
(Como tratado na Seção v)

- **Texto em negrito — é o Noivo que fala**
- *Texto em itálico — é a noiva que fala*
- Texto regular — são as filhas de Jerusalém que falam

6:11 *Desci ao jardim das nogueiras, para mirar os renovos do vale, para ver se brotavam as vides, se floresciam as romeiras.*

6:12 *Não sei como, imaginei-me no carro do meu nobre povo!*

6:13 Volta, volta, ó sulamita, volta, volta, para que nós te contemplemos.
Por que quereis contemplar a sulamita na dança de Maanaim?

7:1 **Que formosos são os teus passos dados de sandálias, ó filha do príncipe! Os meneios dos teus quadris são como colares trabalhados por mãos de artista.**

7:2 **O teu umbigo é taça redonda, a que não falta bebida; o teu ventre é monte de trigo, cercado de lírios.**

7:3 **Os teus dois seios, como duas crias, gêmeas de uma gazela.**

7:4 **O teu pescoço, como torre de marfim; os teus olhos são as piscinas de Hesbom, junto à porta de**

Bate-Rabim; o teu nariz, como a torre do Líbano, que olha para Damasco.

7:5 A tua cabeça é como o monte Carmelo, a tua cabeleira, como a púrpura; um rei está preso nas tuas tranças.

7:6 Quão formosa e quão aprazível és, ó amor em delícias!

7:7 Esse teu porte é semelhante à palmeira, e os teus seios, a seus cachos.

7:8 Dizia eu: subirei à palmeira, pegarei em seus ramos. Sejam os teus seios como os cachos da vide, e o aroma da tua respiração, como o das maçãs.

7:9 Os teus beijos são como o bom vinho,
vinho que se escoa suavemente para o meu amado, deslizando entre seus lábios e dentes.

7:10 Eu sou do meu amado, e ele tem saudades de mim.

7:11 Vem, ó meu amado, saiamos ao campo, passemos as noites nas aldeias.

7:12 Levantemo-nos cedo de manhã para ir às vinhas; vejamos se florescem as vides, se se abre a flor, se já brotam as romeiras; dar-te-ei ali o meu amor.

7:13 As mandrágoras exalam o seu perfume, e às nossas portas há toda sorte de excelentes frutos, novos e velhos; eu tos reservei, ó meu amado.

8:1 Tomara fosses como meu irmão, que mamou os seios de minha mãe! Quando te encontrasse na rua, beijar-te-ia, e não me desprezariam!

8:2 Levar-te-ia e te introduziria na casa de minha mãe, e tu me ensinarias; eu te daria a beber vinho aromático e mosto das minhas romãs.

8:3 *A sua mão esquerda estaria debaixo da minha cabeça, e a sua direita me abraçaria.*

8:4 *Conjuro-vos, ó filhas de Jerusalém, que não acordeis, nem desperteis o amor, até que este* [Nota: O pronome aqui não deveria ser "este" como na ARA, nem "ele" como nas versões Contemporânea Revisada – Alfalit e Bíblia de Jerusalém, mas "ela"'.] *o queira.*

Seção VI

Comunhão irrestrita

Cântico dos cânticos 8:5-14

Chegamos agora à última seção deste livro, que, como nós vimos, é um poema descrevendo a vida de um crente nesta Terra. Começando na Seção I (Cântico dos cânticos 1:2–2:7) com os anelos não satisfeitos da noiva — anelos que só poderiam ser atendidos se houvesse uma total rendição da alma dela ao Noivo —, nós vemos que, quando aconteceu essa entrega, ao contrário da cruz que ela tanto temeu, ela achou um Rei, o Rei de amor, que tanto satisfez os mais profundos anelos da noiva quanto encontrou a Sua própria satisfação nela.

A segunda seção (Cântico dos cânticos 2:8–3:5) mostra a falha por parte dela; ela foi seduzida novamente e voltou para o mundo, e logo percebeu que o seu Amado não poderia segui-la até ali; então, de todo o seu coração, saiu a buscá-lo e, declarando o Seu nome, obteve êxito em sua busca, e a comunhão foi restaurada.

A terceira seção (Cântico dos cânticos 3:6–5:1) fala de comunhão ininterrupta. Permanecendo em Cristo, ela desfruta a segurança e a glória Dele. Ela atrai a atenção das filhas de Jerusalém das coisas exteriores para o próprio Rei. E enquanto está assim ocupada com Ele, e gostaria que outros também assim estivessem, ela se dá conta de que o seu Noivo real tem prazer nela e a está convidando à comunhão de serviço, sem temor dos covis dos leões nem dos montes dos leopardos.

A quarta seção (Cântico dos cânticos 5:2–6:10), entretanto, mostra novamente a queda; não, como antes, através de envolvimento com o mundo, mas em consequência de orgulho espiritual e indolência. A restauração agora é muito mais difícil, mas, quando ela diligentemente busca o seu Senhor e o proclama de modo a fazer com que outros desejem buscá-lo com ela, Ele então revela-se a ela, e a comunhão é restaurada para não mais ser interrompida.

A quinta seção (Cântico dos cânticos 6:11–8:4), como já vimos, descreve não apenas a satisfação mútua e o desfrute da noiva e do Noivo, um com o outro, mas também o reconhecimento da beleza e da posição da noiva pelas filhas de Jerusalém.

E, agora, na sexta seção (Cântico dos cânticos 8:5-14), nós chegamos à cena final do livro. Aqui a noiva é vista encostada ao seu Amado pedindo-lhe que a prenda ainda mais firmemente a Ele e ocupando-se com a vinha Dele, até que Ele a chame de volta dos serviços terrenais.

Agora, devemos dar nossa atenção particularmente a esta última seção.

Ela começa, como a terceira, com uma indagação ou exclamação das filhas de Jerusalém. Ali elas perguntam: "Quem é esta que sobe do deserto, como colunas de fumaça…?" (ARC), mas tiveram sua atenção voltada à pompa e ao status do Rei, e não à Sua pessoa, nem à pessoa da Sua noiva. Mas aqui elas são atraídas pela feliz posição da noiva em relação ao seu Amado, e não pelas circunstâncias que os cercam.

> Quem é esta que sobe do deserto e vem encostada ao seu Amado?

É por meio da noiva que as atenções se voltam para o Noivo; a união e a comunhão deles é agora aberta e manifesta. O deserto é mencionado pela última vez; mas, sendo docemente confortada pela presença do Noivo, *não existe deserto para a noiva*. Em toda a segurança de um amor que confia, ela é vista recostada em seu Amado. Ele é a força dela, a sua alegria, orgulho, e galardão; enquanto que ela é o Seu tesouro particular, o objeto de Seu mais delicado amor. Todas as Suas riquezas de sabedoria e poder são dela; mesmo em jornada, ela descansa, e, mesmo no deserto, ela está satisfeita, por estar recostada em seu Amado.

Assim, como são maravilhosas as revelações de graça e de amor ao coração ensinadas pelo Espírito Santo por meio do relacionamento da noiva com o Noivo, **o Cristo de Deus é mais do que Noivo para Seu povo.** Aquele que quando estava na Terra disse: "Antes que Abraão existisse, Eu sou", reivindica aqui o Seu direito sobre Sua noiva desde o seu nascimento, e não somente a partir de Seu desposório. Antes que ela o conhecesse, Ele a conhecia; e Ele a faz lembrar-se disso nas palavras:

Debaixo da macieira te despertei, ali esteve tua mãe com dores; ali esteve com dores, aquela que te deu à luz.

Ele tem prazer na beleza dela, mas isso não é tanto a causa como o efeito de Seu amor, pois Ele a adotou quando ela não tinha nenhuma formosura. O amor que fez dela o que ela é, e que agora tem prazer nela, não é um amor volúvel, nem ela precisa temer que ele mude.

Alegremente a noiva reconhece essa verdade, de que ela é de fato Dele, e exclama:

Põe-me como selo sobre o teu coração, como selo sobre o teu braço; porque o amor é forte como a morte, e duro [possessivo] *como a sepultura, o ciúme* [amor ardente]; *as suas brasas são brasas de fogo, labaredas do* SENHOR. (ARC — Acréscimo adicionado)

O Sumo Sacerdote levava os nomes das 12 tribos sobre o seu coração, cada nome gravado como um selo nas preciosas e duráveis pedras escolhidas por Deus, cada selo ou pedra engastados no mais puro ouro; ele também levava os mesmos nomes sobre os seus ombros, indicando que tanto o amor como a força do Sumo Sacerdote eram empenhados em favor das tribos de Israel. A noiva seria assim sustentada por Ele, que é ao mesmo tempo seu Profeta, Sacerdote e Rei, pois o amor é forte como a morte, e o ciúme, ou amor ardente, possessivo como a sepultura. Não que ela duvide da constância do seu Amado, mas ela aprendeu a inconstância do seu próprio coração e desejaria ser atada ao coração e ao braço do seu Amado com correntes e engastes de ouro, eternamente o símbolo da divindade. Então o salmista orou: "Atai a vítima da festa com cordas, e levai-a até os ângulos do altar" (ARC).

É relativamente fácil deixar o sacrifício no altar, que santifica a oferta, mas é preciso divina coerção — cordas de amor — para retê-lo ali. Então aqui, a noiva estaria focada e fixa no coração e no braço Dele que deverá ser daqui para frente tudo para ela, de maneira que ela confie cada vez mais unicamente nesse amor e seja sustentada somente por esse poder.

Todos nós devemos aprender disso uma lição. E orar para sermos guardados de buscar ajuda no Egito, de confiarmos em carros e cavalos, de colocar nossa confiança em príncipes, ou no filho do homem, mas, sim, no Deus vivo. Como os reis de Israel, que obtiveram vitórias pela fé, mas, nos seus últimos anos, voltaram-se algumas vezes para as nações pagãs. Que o Senhor guarde o seu povo desse laço!

A noiva prossegue: "As Suas brasas são brasas de fogo, labaredas do Senhor" (ARC). É válido citar que essa é a única ocorrência da palavra "Senhor" nesse livro. Mas como ela poderia ter sido omitida aqui, pois se o amor é de Deus, e **Deus é amor?**

O Noivo responde ao seu pedido com palavras tranquilizadoras:

As muitas águas não poderiam apagar o amor, nem os rios, afogá-lo; ainda que alguém desse todos os bens de sua casa pelo amor, seria de todo desprezado.

O amor que a graça gerou no coração da noiva é divino e duradouro; as muitas águas não podem apagá-lo, nem os rios, afogá-lo. O sofrimento e a dor, privações e perdas podem testar a constância desse amor, mas não podem apagá-lo. Sua fonte não é humana ou natural; como o fogo, ela está oculta com Cristo, em Deus. O que "nos separará do amor de Cristo? Será tribulação, ou angústia, ou perseguição, ou fome, ou nudez, ou perigo, ou espada? Em todas estas coisas, porém, somos mais que vencedores, por meio daquele que nos amou. Porque eu estou bem certo de que nem a morte, nem a vida, nem os anjos, nem os principados, nem as coisas do presente, nem do porvir, nem os poderes, nem a altura, nem a profundidade, nem qualquer outra criatura poderá separar-nos do amor de Deus, que está em Cristo Jesus, nosso Senhor." O amor de Deus por nós é que assegura o nosso amor por Ele.

Ao final, nenhum suborno derrotará a alma realmente salva pela graça. "Ainda que alguém desse toda a fazenda de sua casa por *este* amor, certamente a desprezariam" (ARC).

Liberta da ansiedade por iniciativa própria, em seguida, a noiva feliz pede a seu Senhor comunhão e direção para o serviço, em favor daqueles que não alcançaram ainda sua posição favorecida.

Temos uma irmãzinha que ainda não tem seios; que faremos a esta nossa irmã, no dia em que for pedida?

A união consciente da noiva com o Noivo se mostra tão bela nas expressões dela! "*[Nós]* temos uma irmãzinha", e não "*eu* tenho"; "que *faremos* a esta *nossa* irmã...?". Ela agora não tem relacionamentos nem interesses particulares; em todas as coisas ela é uma com Ele. E nós vemos um desenvolvimento mais avançado da graça nessa questão. Ao final da última seção, ela reconhece o Noivo como seu Instrutor. Ela agora não fará seus próprios planos em relação à sua irmãzinha, para depois pedir o consentimento Dele; antes, ela vai querer saber quais são os pensamentos Dele e ter comunhão com Ele sobre os Seus planos.

De quanta ansiedade e preocupações os filhos de Deus seriam poupados se agissem dessa maneira! É muito comum fazermos os melhores planos que podemos e executá-los da melhor maneira, sentindo todo o tempo um grande encargo de responsabilidade, e com instância pedir ao Senhor que nos ajude. Ao passo que, se nós permitirmos que Ele seja sempre o nosso Instrutor no serviço e que a responsabilidade seja Dele, nossa força não será exaurida com preocupação e ansiedade, mas tudo estará à disposição Dele, e Seus propósitos serão alcançados.

Na irmãzinha, ainda imatura, não podemos ver os eleitos de Deus, dados a Cristo segundo o propósito de Deus, mas que ainda não tiveram uma experiência de salvação com Ele? E talvez todos aqueles bebês em Cristo, que ainda precisam se alimentar de leite e não de carne, mas que, com tal cuidado, no tempo devido se tornarão crentes experientes, preparados para o serviço do Senhor? Então se falará deles e os chamarão para aquele tipo de serviço para o qual Ele os preparou.

O Noivo responde:

Se ela for um muro, edificaremos sobre ele uma torre de prata; se for uma porta, cercá-la-emos com tábuas de cedro.

Nessa resposta, o Noivo docemente reconhece Sua unidade com a noiva, da mesma maneira que ela mostrou sua unidade consciente com Ele. Da mesma maneira que ela diz: "que faremos a esta *nossa* irmã?", Ele responde: "*[Nós]* edificaremos... *[nós]* cercá-la-emos". Ele não levará adiante os propósitos de Sua graça independentemente de Sua noiva, mas trabalhará com ela e por meio dela. O que poderá ser feito por essa irmã, entretanto, dependerá daquilo o que ela se tornar. Se ela for um muro, edificaremos sobre a própria fundação, forte e estável, e ela será adornada com torres de prata; mas, se instável e facilmente movida para um lado e para o outro como uma porta, tal tratamento será tanto impossível como impróprio; ela terá de ser circundada com tábuas de cedro, cercada com restrições, para a sua própria proteção.

A noiva em júbilo responde: "Eu sou um muro"; ela conhece o fundamento sobre o qual está edificada, não há "se" (no sentido de dúvida) em seu caso; ela está consciente de ter alcançado favor aos olhos de seu Amado. A bênção de Naftali é sua: ela "goza de favores e [está cheia] da bênção do SENHOR".

Mas o que é ensinado pela conexão entre essa feliz consciência e as linhas que se seguem?

> *Teve Salomão uma vinha em Baal-Hamom; entregou-a a uns guardas, e cada um lhe trazia pelo seu fruto mil peças de prata. A vinha que me pertence está ao meu dispor; tu, ó Salomão, terás os mil ciclos, e os que guardam o fruto dela, duzentos.*

Nós cremos que essa conexão é de grande importância, ensinando-nos que o que ela havia se tornado (pela graça) era mais importante do que aquilo que ela fez; e que ela não trabalhou para poder receber benefícios, mas, certa de que eles já eram seus, deu livre curso ao seu amor, demonstrando-o no serviço. A noiva conhecia o seu relacionamento com o seu Senhor e o Seu amor por ela; e na sua determinação de que Ele deveria receber os mil siclos de prata, sua preocupação era de que a sua vinha não viesse a produzir menos para o seu Salomão do que a vinha Dele em Baal-Hamom; sua vinha era ela mesma, e ela desejava muito fruto para o seu Senhor. Ela veria, também, que os guardas da vinha, aqueles que eram os seus companheiros naquela cultura e que ministraram na palavra e na doutrina, foram bem recompensados; ela não ataria a boca ao boi quando pisa o trigo; a décima parte (dízimo) cheia, ou melhor, dobrada, deveria ser a porção daqueles que cuidaram dos frutos e serviram com ela na vinha.

Por quanto tempo esse feliz serviço prosseguirá, ou quão cedo ele estará para ser terminado, nós não podemos dizer. Somente Aquele que chama os Seus servos para habitar nos jardins e cultivá-los para Si — como Adão antigamente foi colocado no paraíso de Deus — sabe o limite desse serviço. Mais cedo ou mais tarde o descanso virá, o peso e o calor do último dia terão sido suportados, o último conflito terá acabado, e a voz do Noivo será ouvida dirigindo-se à Sua amada:

Ó tu, que habitas nos jardins, os companheiros estão atentos para ouvir a tua voz; faze-me, pois, também ouvi-la.

"Teu serviço entre os companheiros está terminado; combateste o bom combate, guardaste a fé, completaste a tua carreira, já está reservada para ti a coroa da justiça, e o Noivo será, Ele mesmo, o teu sobre-excelente galardão!"

Que a noiva o faça ouvir a sua voz e, com o coração acelerado ao encontrá-lo, exclame:

Vem depressa, amado meu, faze-te semelhante ao gamo ou ao filho da gazela, que saltam sobre os montes aromáticos.

Ela não pede mais a Ele, como na segunda seção:

Volta, amado meu: faze-te semelhante ao gamo ou ao filho dos corços sobre os montes de Beter. (ARC) (separação)

Ela nunca mais desejou que Ele se afastasse dela, porque não há montanhas de Beter para aqueles que permanecem em Cristo; agora, há montes aromáticos. Ele que habita no meio dos louvores de Israel, que se elevam como incenso aromático do coração do Seu povo, é chamado por sua noiva a apressar--se, a vir logo e a ser como o gamo ou o filho da gazela, que saltam sobre os montes aromáticos.

Muito doce é a presença de nosso Senhor, quando pelo Seu Espírito, Ele habita no meio do Seu povo, enquanto eles o servem; mas aqui há vários espinhos a cada passo que demandam cuidadosa atenção; e vemos que, hoje, nós deveríamos sofrer com o nosso Senhor, para no futuro sermos com Ele glorificados. Breve chegará o dia em que Ele virá nos buscar dos jardins terrenais para o palácio do grande Rei. Ali "jamais terão fome, nunca mais terão sede, não cairá sobre eles o sol, nem ardor algum, pois o Cordeiro que se encontra no meio do trono os apascentará e os guiará para as fontes da água da vida. E Deus lhes enxugará toda lágrima."

O Espírito e a noiva dizem: Vem!... Certamente, venho sem demora. Amém! Vem, Senhor Jesus!

Cântico dos cânticos 8:5-14
(Como tratado na Seção VI)

- **Texto em negrito — é o Noivo que fala**
- *Texto em itálico — é a noiva que fala*
- Texto regular — são as filhas de Jerusalém que falam

8:5 Quem é esta que sobe do deserto, e vem encostada ao seu amado?
Debaixo da macieira te despertei, ali esteve tua mãe com dores; ali esteve com dores aquela que te deu à luz.

8:6 *Põe-me como selo sobre o teu coração, como selo sobre o teu braço, porque o amor é forte como a morte, e duro como a sepultura o ciúme; as suas brasas são brasas de fogo, labaredas do S*ENHOR*. (ARC)*

8:7 **As muitas águas não poderiam apagar o amor, nem os rios, afogá-lo; ainda que alguém desse todos os bens da sua casa pelo amor, seria de todo desprezado.**

8:8 *Temos uma irmãzinha que ainda não tem seios; que faremos a esta nossa irmã, no dia em que for pedida?*

8:9 **Se ela for um muro, edificaremos sobre ele uma torre de prata; se for uma porta, cercá-la-emos com tábuas de cedro.**

8:10 *Eu sou um muro, e os meus seios, como as suas torres; sendo eu assim, fui tida por digna da confiança do meu amado.*

8:11 *Teve Salomão uma vinha em Baal-Hamom; entregou-a a uns guardas, e cada um lhe trazia pelo seu fruto mil peças de prata.*

8:12 *A vinha que me pertence está ao meu dispor; tu, ó Salomão, terás os mil siclos, e os que guardam o fruto dela, duzentos.*

8:13 **Ó tu que habitas nos jardins, os companheiros estão atentos para ouvir a tua voz; faze-me, pois, também ouvi-la.**

8:14 *Vem depressa, amado meu, faze-te semelhante ao gamo ou ao filho da gazela, que saltam sobre os montes aromáticos.*

Apêndice
As filhas de Jerusalém

Uma pergunta feita frequentemente é: Quem as filhas de Jerusalém representam?

Com certeza, elas não são a noiva, apesar de estarem próximas a ela. Elas sabem onde o Noivo apascenta o seu rebanho e o faz repousar pelo meio-dia; elas são ordenadas pelo Noivo a não despertar nem acordar o Seu amor, enquanto ela descansa permanecendo Nele; elas dão destaque ao Noivo quando, com pompa e dignidade, Ele aparece vindo do deserto; e os presentes delas adornam Sua carruagem. Elas são conclamadas pela noiva a ajudá-la a encontrar o seu Amado, e, movidas pela descrição apaixonada que a noiva faz da beleza Dele, desejam buscá-lo com ela; elas descrevem plenamente a beleza da noiva, mas, por outro lado, nós nunca as encontramos ocupadas com a pessoa do Noivo: Ele não é tudo para elas; elas se ocupam de coisas exteriores e terrenais.

Não representam elas os que não estão realmente salvos, mas estão muito próximos disso; ou, se salvos, estão apenas parcialmente salvos? Aqueles que, no momento, estão mais interessados nas coisas deste mundo do que nas coisas de Deus?

Progredir em seus próprios interesses, assegurar seu próprio conforto interessa mais a eles do que estar em tudo aquilo que agrada ao Senhor. Eles poderão fazer parte daquela grande multidão mencionada em Apocalipse 7:9-17, que vêm da grande tribulação, mas eles não farão parte dos 144 mil, "primícias para Deus e para o Cordeiro" (Apocalipse 14:1-5). Eles se esqueceram da advertência de nosso Senhor em Lucas 21:34-36; e, portanto, não serão tidos "por dignos de escapar de todas estas coisas que hão de acontecer, e de estar em pé diante do Filho do Homem" (VA). Eles não seguiram Paulo em ter "por perda todas as coisas pela excelência do conhecimento de Cristo Jesus o Senhor" (VA) e, portanto, eles não poderão "alcançar a ressurreição dentre os mortos", a qual Paulo temia perder, mas visava alcançar.

Nós queremos que fique registrada a nossa solene convicção de que, nem todos os que são cristãos, ou pensam sê-lo, alcançarão essa ressurreição da qual o apóstolo Paulo fala em Filipenses 3:11, não podendo, portanto, ir ao encontro do Senhor nos ares. Para aqueles que, por terem uma vida de consagração, manifestam que não pertencem ao mundo, mas estão olhando somente para Cristo, Ele "aparecerá, sem pecado, para a salvação".

Sobre o autor

James Hudson Taylor nasceu em 1832, em Barnsley, Inglaterra, filho de um sacerdote metodista. Com 16 anos, creu em Cristo como seu Salvador, numa tarde em que estava sozinho em casa e entediado. A vida religiosa de seus pais não o atraía, e ele desejava os prazeres do mundo. Taylor pegou um livro que falava sobre o evangelho de Cristo, na biblioteca do pai, e começou a lê-lo. No mesmo instante, sua mãe, a mais de cem quilômetros de distância, era conduzida por Deus para orar pela salvação do filho. Taylor orou, e a oração de sua mãe foi respondida: ele se rendeu ao Senhor. Oração tornou-se, posteriormente, uma das mais preeminentes marcas de seu serviço e ministério.

Desde então, sentiu-se chamado para pregar o evangelho na China. Passou a preparar-se, então, dormindo sobre uma esteira, abrindo mão de qualquer luxo, vivendo com o mínimo de alimento necessário e dependendo exclusivamente do Senhor para seu sustento. Assim, aos 19 anos, Taylor aprendeu que poderia confiar em Deus e obedecer-lhe em qualquer área de sua vida — aprendeu que se pode levar a sério Deus e Sua Palavra.

Após estudar medicina e teologia, em 1853, aos 21 anos, Taylor foi para a China como um missionário assalariado pela Sociedade para Evangelização da China. Após seis longos meses de viagem num navio de carga, ele aportou em Xangai.

Diferentemente de outros missionários, Taylor decidiu trabalhar no interior da China onde o evangelho ainda não havia sido pregado e adotou os costumes da terra, vestindo-se como um chinês, deixando seu cabelo crescer e fazendo uma trança, como os habitantes locais. Isso conquistou o respeito de muitos chineses.

Em 20 de janeiro de 1858, após trabalhar num hospital por 4 anos, ele casou com Maria Dyer (1837?–1870), missionária, filha de um dos primeiros missionários para a China. Eles tiveram oito filhos, quatro dos quais morreram com menos de 10 anos. Por ser ela fluente no dialeto ningpo, ajudou Hudson no trabalho de tradução do Novo Testamento, no qual ele investiu 5 anos. Essa tradução foi realizada na Inglaterra e, em 1866, Taylor retornou à China com 16 outros missionários e fundou a Missão para o Interior da China (MIC).

Em 1870, sua esposa e dois de seus filhos morreram de cólera. Maria era uma torre forte e um conforto para o marido. Nas palavras dela, ela era "mais intimamente instruída que qualquer outra pessoa com as provações, as tentações, os conflitos, as falhas e quedas e as conquistas" do marido.

Em 1871, Taylor casou-se com Jennie Faulding (1843–1903), missionária da MIC. Eles tiveram dois filhos, incluindo Howard, o biógrafo do pai e autor de *O Segredo Espiritual de Hudson Taylor* (Ed. Mundo Cristão, 1976). Jennie cuidou do marido em meio a injúrias e doenças, editou o periódico *China's Millions*, da MIC, e tinha um ministério especial entre as mulheres. Nos últimos anos de vida, ela viajou com Hudson, além de falar, escrever e organizar o trabalho da Missão. Partiu para o Senhor em 1904.

Hudson permaneceu na China e, quando dormiu no Senhor, em Changsha, em 1905 (antes que os comunistas tomassem o país que ele amava), havia deixado na China 250 pontos missionários com 849 missionários da Inglaterra e 125 mil chineses cristãos dando testemunho do evangelho. Sua vida é um dos mais impressionantes registros da história do evangelismo e um dos maiores testemunhos da fidelidade do Senhor e a Ele.